国家中等职业教育改革发展示范学校特色教材 · 会计专

服务业出纳岗位实务与实训

王桢珍 主 编

中国财富出版社

图书在版编目（CIP）数据

服务业出纳岗位实务与实训/王桢珍主编 . —北京：中国财富出版社，2015.1
（国家中等职业教育改革发展示范学校特色教材 . 会计专业）
ISBN 978 - 7 - 5047 - 5310 - 6

Ⅰ.①服… Ⅱ.①王… Ⅲ.①服务业—出纳—会计实务—中等专业学校—教材
Ⅳ.①F233

中国版本图书馆 CIP 数据核字（2014）第 170493 号

策划编辑	寇俊玲	**责任印制**	方朋远
责任编辑	王 琳 李彩琴	**责任校对**	梁 凡

出版发行	中国财富出版社		
社　　址	北京市丰台区南四环西路 188 号 5 区 20 楼	**邮政编码**	100070
电　　话	010 - 52227568（发行部）	010 - 52227588 转 307（总编室）
	010 - 68589540（读者服务部）	010 - 52227588 转 305（质检部）
网　　址	http://www.cfpress.com.cn		
经　　销	新华书店		
印　　刷	北京京都六环印刷厂		
书　　号	ISBN 978 - 7 - 5047 - 5310 - 6/F · 2196		
开　　本	787mm×1092mm　1/16	**版　次**	2015 年 1 月第 1 版
印　　张	14	**印　次**	2015 年 1 月第 1 次印刷
字　　数	341 千字	**定　价**	32.00 元

前 言

中职院校改革正如火如荼地进行，工学结合、校企合作、教学做一体化、实境教学等中职教学改革理念正在被中职教师所接受，正逐步实施于教学环节中。但中职所使用教材，大多是高职版的压缩饼干，或注重理论教学，实践教学的内容太少。原有的教材已不能满足教学和社会的需要，须根据生产岗位的需要和职业标准的要求进行教学内容的整编。所以，中职教材的编写逐渐成为中职教学改革中的重要一环。鉴于我校会计专业毕业生主要从事服务业出纳员工作、收银员的情况较多，本教材正好填补了中职院校服务业出纳教材的空白。

本书是针对中职会计类专业的教学要求而编写的。本书内容涉及了出纳员岗位工作的各个方面，包括服务业出纳岗位认知、现金业务核算、银行存款业务、国内票据结算业务、国内支付结算、收银业务等。既包括通常意义上的出纳业务，也包括实际中一般由出纳员兼做的其他业务，能使学生掌握出纳工作的各项技能。

本书以出纳工作过程为导向，运用项目化课程设计的基本理念，结合出纳实践和出纳职业基础内容的特点，设计完整的项目载体，按照工作过程设计教学任务，做学合一，可获得令人满意的效果。

本书在内容体系上具有如下特点：

1. 紧贴实际，以出纳工作过程为导向，以职业岗位技能要求构建全新的结构体系。立足于服务业中小企业出纳、收银岗位相关要求，基于出纳工作过程，将出纳、收银职业基础主要任务分为四大模块，模块之间可以自由组合，适合不同阶段出纳、收银职业基础之需。

2. 教学做合一，任务驱动、指导性强，便于操作。本书采用任务驱动的编写模式，每个项目具体分析工作岗位的典型工作任务及技能要求、知识要求及素质养成目标，为读者快速入门及胜任出纳基础操作岗位提供了必要的指导及足够的训练。

3. 形式新颖，语言简洁，图表丰富。本书版式、内容设置上尽量考虑读者要求，设置了"学习目标、项目任务、项目描述、项目分析、项目实施、知识平台、知识拓展、想一想、练一练"等栏目，设计了大量可视化图表，力求使读者学习、阅读取得最佳效果。

在编写本书的过程中，编写组各成员在服务业各类企业进行了大量的调查、研究，收集了众多的第一手材料，汲取了出纳人员、收银人员的实际工作经验，采用了中国人民银行最新的结算票据、凭证和规定。本书力求以全新的视角进行分析研究，将出纳职业基础与我国服务业中小企业应用情况相结合，尽量为读者提供一种切实可行的思路或导向，快速掌握出纳技能。书中的凭证、表格、证件均为真实样式，填写方法介绍详细、全面，真实性、可操作性很强，希望读者能学有所得、学以致用！

　　本书由湖南省商业技师学院王桢珍任主编，拟定教材大纲并进行总纂定稿。编写分工如下：概述由王桢珍、王伟编写，项目一由王伟编写，项目二由罗琳、刘各南编写，项目三由张艳编写，项目四由彭珊编写，项目五由王桢珍编写，项目六由刘各南编写，实训由王桢珍编写。

　　在本书写作过程中，参阅了大量文献资料、教材及网络资源，特附于书后，可能挂一漏万，在此向作者们表示衷心的感谢！

　　基于出纳职业工作过程的教学体系，需要进一步研究、完善，疏漏与不周之处，欢迎广大同仁及读者批评指正，共同推进会计教学工作的发展！

编　者

2014 年 5 月

目　录

出纳岗位实务

岗位认知概述

学习目标

1. 了解现代服务业会计概述。
2. 掌握出纳工作的基本原则。
3. 理解出纳人员的职责与权限；出纳人员的基本素质以及出纳人员的回避制度。

【想一想】 日常生活中你接触过哪些现代服务业呢？

一、现代服务业会计概述

现代服务业大体相当于现代第三产业。国家统计局在 1985 年《关于建立第三产业统计的报告》中，将第三产业分为四个层次：

第一个层次是流通部门，包括交通运输业、邮电通讯业、商业饮食业、物资供销和仓储业；

第二个层次是为生产和生活服务的部门，包括金融业、保险业、公用事业、居民服务业、旅游业、咨询信息服务业和各类技术服务业等；

第三个层次是为提高科学文化水平和居民素质服务的部门，包括教育、文化、广播电视事业，科研事业，生活福利事业等；

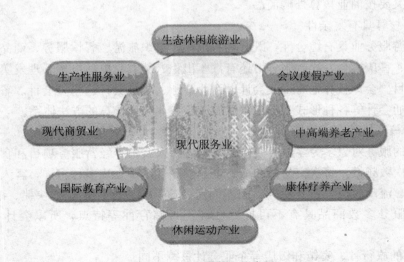

图 0-1 现代服务业分类图

第四个层次是为社会公共需要服务的部门，包括国家机关、社会团体以及军队和警察等。

旅游、饮食、服务业是国民经济的重要组成部分，其发展水平是衡量生产社会化程度和市场经济发展水平的重要标志。为了改善我国的产业结构，国家从多方面、多角度鼓励和扶持发展第三产业。在现代经济社会里，服务行业的服务手段多种多样，而且不断细分出新兴服务行业和企业。本书所讲的服务业主要是指对个人提供各项生活服务的行业，如餐饮、酒店、商贸等行业。

（一）服务业会计特点

服务业与其他企业会计相比，具有以下六个特点。

1. 会计核算的特殊方法

餐饮旅游服务业具有劳动服务、生产加工、商品零售三种职能，在会计核算上就必须区分业务性质，结合工业、商业的会计核算方法进行核算。餐饮旅游服务业虽然也生产加工产品，但由于它对质量标准和技艺要求繁复，在会计核算上生产企业很难像工业企业那样，按产品逐次逐件进行完整的成本计算，一般只能核算经营单位或经营种类耗用原材料的总成本，以及营业收入和各项费用支出。

2. 收入和费用分布结构不同

以服务业为例，服务业通常由专门从业人员提供带有艺术性的劳动，以及运用与之相适应的设备和工具为主要服务内容。在会计核算上，需要反映按规定收费标准所取得的营业收入和服务过程中开支的各项费用以及加工过程中耗用的原材料成本。

3. 自制产品与外购商品分别核算

为了分别掌握自制产品和外购商品的经营结果，加强对自制产品的核算与管理，经营外购商品销售业务的部门，还要对自制产品和外购商品分别进行核算，既要按照工业核算自制产品，又要按商业核算外购商品。

4. 会计核算具有复杂性

餐饮旅游服务业具有综合性，既有客房出租、组织旅游、餐饮服务、商品零售，又有会议室出租、喜庆宴会、导游服务，还有汽车出租、洗衣、电话电传、理发美容、健美娱乐等服务项目。会计核算上有工业会计、商业会计、成本会计、租赁会计、餐饮会计、服务会计、交通会计等各种形式，形成餐饮旅游服务业会计核算的方法体系。

5. 会计核算格外要求快捷、准确、灵活

服务业的服务对象多为零散客人，也有团体客人。由于经营服务项目和食品花色品种繁多，交易次数频繁，每次交易量和交易金额较少，结账方式多种多样，客人在消费地逗留时间较短、流动较快，接受服务时间不固定，这就要求会计核算要快捷、准确。另外，旅游、餐饮服务多数商品具有不可挽回性和不可储存性等特点，所以会计核算要灵活掌握。

6. 涉外的旅行社、宾馆和饭店等企业会计核算不同

涉外的旅行社、宾馆和饭店等企业在会计核算时，应按照外汇管理条例和外汇兑换管理办法，办理外汇存入、转出和结算的业务。有外汇业务的企业，应采用复币记账，核算

外币和人民币，计算汇兑损益。

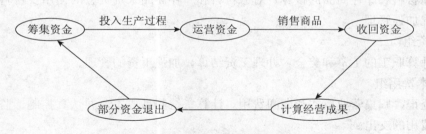

图 0-2 服务业企业资金运作方式的主要表现

(二) 服务业会计机构的工作组织形式

服务业会计机构的工作组织形式通常有以下两种方式。

1. 集中核算

集中核算是指将整个单位的会计工作全部集中在会计部门进行的核算。采用集中核算的组织形式，单位内部各部门对其本身发生的经济业务，只办理编制原始凭证手续，并定期将各种原始凭证送交会计部门，由会计部门审核无误后，据以进行会计核算。

集中核算的组织形式便于会计人员进行合理分工，减少了核算层次，加速了核算工作，有利于提高工作效率，节约核算费用。但这种形式不便于各部门随时利用核算资料分析和考核其各项工作的完成情况。

2. 非集中核算

非集中核算又称分散核算，是指单位内部各部门对其本身发生的经济业务进行较全面的核算。采用非集中核算的组织形式，单位内部各部门要填制和审核会计凭证，设置和登记会计账簿，独立计算盈亏，并定期编制内部会计报表，报送会计部门。非集中核算的组织形式便于各部门经常利用核算资料分析和考核其各项工作的完成情况。但在这种形式下，会计人员难以进行合理分工，核算的工作量大，核算成本也高。

在实际工作中，各单位可以根据其经营的特点和管理的需要，采用集中核算或非集中核算。但无论采用哪种组织形式，单位同银行的往来以及债权债务的结算，都必须通过会计部门办理。

(三) 服务业会计机构的设置

会计机构是指直接从事和组织领导会计工作的职能部门。建立和健全会计机构，是加强会计工作、保证会计工作顺利进行的重要条件。

各种餐饮旅游服务业均要设置专职的会计机构。我国由于会计工作和财务工作之间关系密切，因此各个企业通常设置财务会计科。在会计机构内部再根据具体的条件，进行合理的分工。通常按工作性质分组或按人分工，以加强岗位责任制。具体设有以下各组。

1. 财务组

负责货币资金的结算、收付和记账等工作，并编制财务收支预算，加强资金管理。

2. 存货组

负责原材料和库存商品的核算。对原材料和库存商品采购资金的使用及材料消耗定额的执行情况加强管理。

3. 工资组

负责计算职工的工资和奖金，办理工资结算，加强工资的管理。

4. 成本费用组

负责登记、归集营业成本和期间费用，计算餐饮制品成本，并认真控制、监督营业成本和期间费用的支出。

5. 综合组

负责固定资产和所有者权益的核算、企业的总分类核算，定期编制财务会计报告，综合分析企业的财务状况和获利能力，分析企业财务预算的执行情况，参与企业的生产经营决策以及会计档案的保管工作。

本书将着重介绍财务组中的出纳岗位。

二、出纳的概念

在中国古代出纳指家庭等方面的收支管理情况，例如清田兰芳《明河南参政袁公（袁可立子袁枢）墓志铭》："十七来归，即传家政。按亲族，御臧获，美肴酒，综出纳，无事不井井。"出纳是随着货币及货币兑换业的出现而产生的，所谓"出"即支出，付出；而"纳"即收入。具体地讲，出纳是按照有关规定和制度，办理本单位的现金收付、银行结算及有关账务，保管库存现金、有价证券、财务印章及有关票据等工作的总称。

三、出纳的工作特点

（一）社会性

出纳工作担负着一个单位货币资金的收付、存取任务，而这些任务的完成是置身于整个社会经济活动的大环境之中的，是和整个社会的经济运转相联系的。只要这个单位发生经济活动，就必然要求出纳员与之发生经济关系。

（二）专业性

出纳工作作为会计工作的一个重要岗位，有着专门的操作技术和工作规则。要做好出纳工作，一方面要求经过一定的职业教育，另一方面也需要在实践中不断积累经验，掌握其工作要领，熟练使用现代化办公工具。

（三）政策性

出纳工作是一项政策性很强的工作，其工作的每一环节都必须依照国家规定进行。例如，办理现金收付要按照国家现金管理规定进行，办理银行结算业务要根据国家银行结算办法进行。《会计法》《会计基础工作规范》等法规都把出纳工作并入会计工作中，并对出纳工作提出具体规定和要求。

(四) 时间性

出纳工作具有很强的时间性，何时发放职工工资，何时核对银行对账单等，都有严格的时间要求，一天都不能延误。因此，出纳员心里应有个时间表，及时办理各项工作，保证出纳工作质量。

四、出纳工作的基本原则

出纳工作的基本原则主要指内部牵制原则或者说钱账分管原则。

《会计法》第二十一条第二、三款规定："会计机构内部应当建立稽核制度。出纳人员不得兼管稽核、会计档案保管和收入、费用、债权债务账目的登记工作。"钱账分管原则是指凡是涉及款项和财物收付、结算及登记的任何一项工作，必须由两人或两人以上分工办理，以起到相互制约作用。例如，现金和银行存款的支付，应由会计主管人员或其授权的代理人审核、批准，出纳人员付款，记账人员记账；发放工资，应由工资核算人员编制工资单，出纳人员向银行提取现金和分发工资，记账人员记账。实行钱账分管，主要是为了加强会计人员相互制约、相互监督、相互核对，提高会计核算质量，防止工作误差和营私舞弊等行为。

五、出纳工作的组织形式

(一) 机构设置

出纳机构一般设置在会计机构内部，如各企事业单位财会科、财会处内部设置专门处理出纳业务的出纳组、出纳室。《会计法》第二十一条第一款规定："各单位根据会计业务的需要设置会计机构，或者在有关机构中设置会计人员并指定会计主管人员。不具备条件的，可以委托经批准设立的会计咨询、服务机构进行代理记账。"会计法对各单位会计、出纳机构与人员的设置没有做出硬性规定，只是要求各单位根据业务需要来设定。各单位可根据单位规模大小和货币资金管理的要求，结合出纳工作的繁简程度来设置出纳机构。

(二) 出纳人员配备

出纳人员配备的多少，主要取决于本单位出纳业务量的大小和繁简程度，要以业务需要为原则，既要满足出纳工作量的需要，又要避免徒具形式、人浮于事的现象。

六、出纳人员的职责与权限

（一）出纳职责

根据《会计法》《会计基础工作规范》等财会法规，出纳员具有以下职责：

1. 按照国家有关现金管理和银行结算制度的规定，办理现金收付和银行结算业务。出纳员应严格遵守现金开支范围，现金管理要做到日清月结，银行存款账与银行对账单也要及时核对，如有不符，应立即通知银行调整。

2. 根据会计制度的规定，在办理现金和银行存款收付业务时，要严格审核有关原始凭证，然后根据编制的收付款凭证逐笔顺序登记现金日记账和银行存款日记账，并结出余额。

3. 按照国家外汇管理和结汇、购汇制度的规定及有关批件，办理外汇出纳业务。出纳人员应熟悉国家外汇管理制度，及时办理结汇、购汇、付汇，避免国家外汇损失。

4. 掌握银行存款余额，不准签发空头支票，不准出租出借银行账户为其他单位办理结算。

5. 保管库存现金和各种有价证券（如国库券、债券、股票等）的安全与完整。要建立适合本单位情况的现金和有价证券保管责任制，如发生短缺，属于出纳员责任的要进行赔偿。

6. 保管有关印章、空白收据和空白支票。通常，单位财务公章和出纳员名章要实行分管，交由出纳员保管的出纳印章要严格按规定用途使用，各种票据要办理领用和注销手续。

（二）出纳权限

根据《会计法》《会计基础工作规范》等财会法规，出纳员具有以下权限：

1. 维护财经纪律，执行财会制度，抵制不合法的收支和弄虚作假行为。《会计法》是中国会计工作的根本大法，是会计人员必须遵循的重要法律。《会计法》第三章第十六条、第十七条、第十八条、第十九条中对会计人员如何维护财经纪律提出具体规定。这些规定，为出纳员实行会计监督、维护财经纪律提供了法律保障。出纳员应认真学习、领会、贯彻这些法规，充分发挥出纳工作的"关卡"、"前哨"作用，为维护财经纪律、抵制不正之风作出贡献。

2. 参与货币资金计划定额管理的权力。现金管理制度和银行结算制度是出纳员开展工作必须遵照执行的法规。例如，为加强现金管理，要求各单位的库存现金必须限制在一定的范围内，多余的要按规定送存银行，这便为银行部门利用社会资金进行有计划放款提供了资金基础。因此，出纳工作不是简单的货币资金的收付，不是无足轻重的点钞，其工作的意义只有和许多方面的工作联系起来才能体会到。

3. 管好用好货币资金的权力。提出合理安排利用资金的意见和建议，及时提供货币资金使用与周转信息，是出纳员义不容辞的责任。出纳员应抛弃被动工作观念，树立主动参与意识，把出纳工作放到整个会计工作、经济管理工作的大范围中，这样，既能增强出纳的职业光荣感，又为出纳工作开辟了新的视野。

七、出纳人员的基本素质

（一）职业要求

出纳是一项特殊的职业，它整天接触的是大把大把的金钱，成千上万的钞票，真可谓万贯家财手中过。没有良好的职业道德，很难顺利通过"金钱关"。与其他会计人员相比较，出纳人员更应严格地遵守职业道德。财政部颁布的《会计基础工作规范》第2章第2节，对会计人员职业道德作了六个方面的原则规定，会计职业道德应包括以下几方面的内容：

1. 爱岗敬业，忠于职守

会计人员应充分认识到会计这个职业在整个社会主义建设中的重要地位和作用，承认自己所从事的工作的社会价值。会计工作不仅为企业内部管理部门、投资者、债权人以及政府管理部门提供重要的会计信息，而且还担负着促进企业降低成本、改善经营管理、提高经济效益的任务。因此，要求会计人员端正专业思想，"明确服务宗旨，树立干一行、专一行、爱一行的良好职业荣誉感和责任感，勤勤恳恳，兢兢业业"，坚守岗位，以高度的事业心做好本职工作。

2. 熟悉法规，依法办事

国家的许多法律、法规，尤其是财经方面的法律、法规的贯彻执行，都要通过会计工作来体现。从事会计工作的人员，为了更好地履行核算和监督的职责，首先要认真学习和熟悉掌握财经法律、法规和国家统一的会计制度，做到在处理各项经济业务时知法依法，知章依章，依法把关守口，维护规章制度的严肃性、科学性和完整性，会计人员在工作中，坚决按国家法律、规章严格审查各项财务收支，维护国家和投资者的利益，决不能为个人或小团体的利益，弄虚作假、营私舞弊。

3. 实事求是，客观公正

实事求是、客观公正是每个会计人员应该具备的职业品质。会计是经济管理的重要组成部分，会计资料不仅是各单位进行经营管理和业务管理的依据，而且也是国家据以进行宏观经济分析和调控的重要依据。如果会计数据失真，那会计核算就毫无意义，这不仅影响微观管理，而且还影响宏观决策。因此，会计人员在办理会计事务中，必须以实事求是的精神和客观公正的态度，完整、准确、如实地反映各项经济活动情况，不隐瞒歪曲，不弄虚作假，不搞假账真算、真账假算。维护会计信息的真实性，是会计职业道德的起码要求。

4. 廉洁奉公，不谋私利

廉洁奉公，不谋私利是会计职业道德的重要特征，也是衡量会计人员职业道德的基本尺度。会计工作是各方面利益分配的关键，只有在会计工作中坚持原则，不谋私利，一心为公，才能处理好各方面的利益关系。会计工作天天要与"钱""物"打交道，如果没有廉洁奉公的品质和良好的职业道德，就可能经不住"金钱"的诱惑，还可能走上犯罪的道路。因此，会计人员必须以廉洁奉公、不谋私利作为自己的行为准则，敢于抵制揭发各种损公肥私的不良行为和不正之风，大胆维护国家的财经纪律及企业的规章制度，做到"手提万贯，一尘不染"。

5. 精通业务，自强不息

会计工作是一项专业性、技术性很强的工作，要求会计人员必须具备必要的专业知识和专业技能。会计学是一门社会科学，其内涵十分丰富，知识面也相当广泛，而且随着社会主义市场经济体制的建立，改革开放的不断深入，经济生活中提出了许多过去不曾遇到的新问题，会计也面临着许多全新的课题，会计理论、会计知识都以前所未有的速度更新。因此，会计人员必须在实践中不断学习，认真钻研业务技能，精通现代科学技术，熟练掌握会计电算化管理技术，以适应会计工作发展的需要。

6. 改革创新，搞好服务

会计是对单位的经济业务进行确认、计量、记录和报告，并通过所提供的会计资料参与预测和决策，实行监督，旨在实现最优经济效益的一种管理活动。会计人员必须改变过去那种单纯的记账、算账、报账的传统观念，解放思想，开拓创新，大胆改革，从会计工作的角度，对投入产出进行可行性论证，积极为领导出谋划策，参与单位的预测和决策，并运用自己所掌握的会计信息和会计方法，为改善单位内部管理，提高经济效益服务。

（二）技能要求

"台上一分钟，台下十年功。"这对出纳工作来说是十分适用的。出纳工作需要很强的操作技巧。用电脑、填票据、点钞票等，都需要深厚的基本功。作为专职出纳人员，不但要具备处理一般会计事务的财会专业基本知识，还要具备较高的处理出纳事务的出纳专业知识水平和较强的数字运算能力。另外，还要苦练汉字、阿拉伯数字，提高写作概括能力，见其字如见其人，一张书写工整、填写齐全、摘要精炼的票据能表现一个出纳员的工作能力。

具体来说，出纳人员的技能主要包括以下几点：

（1）人民币真假识别技能。

（2）数字的书写技能和计算技能。

（3）填制和审核出纳凭证的基本技能。

（4）出纳账簿的设置与核算技能。

（5）出纳发生错误时的查找和更正技能。

（6）出纳的保管技能。

（7）办理银行票据和结算凭证的技能。

八、出纳人员的回避制度

回避制度是指为了保证执法或者职业的公正性，对于某种原因可能影响其公正执法或者职业的人员实行任职回避和业务回避的一种制度。《会计基础工作规范》规定："国家机关、国有企业、事业单位任用会计人员应当实行回避制度。单位领导人的直系亲属不得担任本单位的会计机构负责人、会计主管人员。会计机构负责人、会计主管人员的直系亲属不得在本单位会计机构中担任出纳工作。"

需要回避的主要有以下三种亲属关系：

1. 夫妻关系。

2. 直系血亲关系。直系血亲关系是指具有直接血缘关系的亲属。法律上讲有两种情况：一种是出生于同一祖先，有自然联系的亲属，如祖父母、父母、子女等；第二种是指本来没有自然的或直接的血缘关系，但法律上确定其地位与血亲相等，如养父母和养子女之间的关系。

3. 三代以内旁系血亲以及近姻亲关系。所谓三代，就是从自身往上或者往下数三代以内，实际上就是自己的兄弟姐妹及其子女与父母的兄弟姐妹及其子女。

项目一　现金业务核算

学习目标

1. 能够熟练掌握并灵活运用现金管理各项规章制度。
2. 能够熟练掌握并灵活运用现金收付知识，解决企业的实际问题。
3. 能够熟练掌握并灵活运用现金存取知识，解决企业日常现金存取工作。
4. 能够熟练掌握并灵活运用现金清查知识，解决企业现金清查中出现的问题。

项目任务

现金是立即可以投入流通的交换媒介。它具有普遍的可接受性，可以有效地立即用来购买商品、货物、劳务或偿还债务，它是企业中流通性最强的资产，因此加强现金管理是非常必要的。在现金业务核算中，应该熟悉现金管理的各项管理制度，熟练操作现金收入管理、现金支出管理、现金清查等任务，为后面的现金业务核算打下坚实的理论基础。

项目描述

现金业务核算是企业财务部门日常管理中的一项重要工作，企业现金管理会计人员首先要熟悉企业现金管理制度，进而运用现金管理制度熟练处理企业的现金收付业务、现金存取业务，并能够对企业期末现金进行清查，熟练地、合理地处理现金清查中出现的问题。

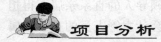 **项目分析**

现金业务核算是企业会计部门日常业务中较为重要的一项业务，现金业务核算需要认真细致、责任心强。该项目主要由四个任务组成：

1. 现金管理制度，主要是明确现金管理中的相关规定与规章制度，熟悉业务流程和操作规范。

2. 现金收付业务，主要对企业现金的收入和支出业务进行日常的核算与管理，加强现金的监控工作。

3. 现金存取业务，主要是涉及银行等金融机构的存款、取款、支票业务的核算与管理。

4. 对企业现金进行清查，及时对现金的结余与支出进行掌控，处理现金的溢余与短缺。

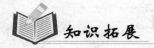 **知识拓展**

现金管理

现金（cash），是指立即可以投入流通的交换媒介。它具有普遍的可接受性，可以有效地立即用来购买商品、货物、劳务或偿还债务，它是企业中流通性最强的资产。会计上对现金有狭义和广义之分。狭义的现金仅仅指库存现金，即企业金库中存放的现金，包括人们经常接触的纸币和硬币等，具体指单位为了满足经营过程中零星支付需要而保留的现金。广义的现金包括库存现金、银行存款和其他货币资金三个部分。

【想一想】 现金是企业重要的流动资产，现金管理水平的好坏是衡量企业流动资产管理的重要指标之一。大家了解现金管理的规定与管理制度吗？如果你作为企业财务部门负责人，应该如何加强现金管理呢？请大家按照分组，查阅相关资料，建立现金管理的规定与管理制度吧。

现金管理就是对现金的收、付、存等各环节进行的管理。依据《现金管理暂行条例》，现金管理的基本原则是：

第一，开户单位库存现金一律实行限额管理。

第二，不准擅自坐支现金。坐支现金容易打乱现金收支渠道，不利于开户银行对企业的现金进行有效的监督和管理。

第三，企业收入的现金不准作为储蓄存款存储。

第四，收入现金应及时送存银行，企业的现金收入应于当天送存开户银行，确有困难的，应由开户银行确定送存时间。

第五，严格按照国家规定的开支范围使用现金，结算金额超过起点的，不得使用现金。

第六，不准编造用途套取现金。企业在国家规定的现金使用范围和限额内需要现金，应从开户银行提取，提取时应写明用途，不得编造用途套取现金。

第七，企业之间不得相互借用现金。

（一）现金限额管理

库存现金限额是指为保证各单位日常零星支付按规定允许留存的现金的最高数额。库存现金的限额，由开户行根据开户单位的实际需要和距离银行远近等情况核定。其限额一般按照单位 3~5 天日常零星开支所需现金确定。远离银行机构或交通不便的单位可依据实际情况适当放宽，但最高不得超过 15 天。一个单位在几家银行开户的，由一家开户银行核定开户单位库存现金限额。

库存现金限额的计算方式一般是：

库存现金＝前一个月的平均每天支付的数额（不含每月平均工资数额）×限定天数

（二）现金支出管理

根据国务院发布的《现金管理暂行条例》规定，单位可以在下列范围内使用现金：

1. 职工工资，津贴，这里所说的职工工资指企业，事业单位和机关，团体，部队支付给职工的工资和工资性津贴。

2. 个人劳务报酬，指由于个人向企业、事业单位和机关、团体、部队等提供劳务而由企业、事业单位和机关、团体、部队等向个人支付的劳务报酬，包括新闻出版单位支付给作者的稿费，各种学校、培训机构支付给外聘教师的讲课费，以及设计费、装潢费、安装费、制图费、化验费、测试费、咨询费、医疗费、技术服务费、介绍服务费、经纪服务费、代办服务费、各种演出与表演费以及其他劳务费用。

3. 根据国家制度条例的规定，颁发给个人的科学技术、文化艺术、体育等方面的各种奖金。

4. 各种劳保，福利费用以及国家规定的对个人的其他支出，如退休金、抚恤金、学生助学金、职工困难生活补助。

5. 收购单位向个人收购农副产品和其他物资的价款，如金银、工艺品、废旧物资的价款。

6. 出差人员必须随身携带的差旅费。

7. 结算起点（1000 元）以下的零星支出。超过结算起点的应实行银行转账结算，结算起点的调整由中国人民银行确定报国务院备案。

8. 中国人民银行确定需要现金支付的其他支出。如采购地点不确定，交通不便，抢险救灾以及其他特殊情况，办理转账结算不方便，必须使用现金的支出。对于这类支出，现金支取单位应向开户银行提出书面申请，由本单位财会部门负责人签字盖章，开户银行审查批准后予以支付现金。

除上述 5、6 两项外，其他各项在支付给个人的款项中，支付现金每人不得超过 1000 元，超过限额的部分根据提款人的要求，在指定的银行转存为储蓄存款或以支票、银行本票予以支付。企业与其他单位的经济往来除规定的范围可以使用现金外，应通过开户银行进行转账结算。

（三）现金收入管理

单位收入的所有现金应由财会部门统一管理，存储在财会部门或开户银行，无论是收入的利息归单位所有还是归个人所有，都不能以个人储蓄方式存入银行。

1. 不能以"白条"抵库。所谓"白条"，是指没有审批手续的凭据。因此"白条"不能作为记账的依据。

2. 不准设"账外账"和"小金库"。"账外账"，是指有的单位将一部分收入没有纳入财务统一管理，而是在单位核算账簿之外另设一套账来记录财务统管之外的收入。"账外账"有的是财会部门自己设置的，也有的是单位其他部门、小单位设置的。"小金库"又称"小钱柜"，是单位库存之外保存的现金和银行存款，一般情况下与单位设置的"账外账"相联系，有"账外账"就有"小金库"，有"小金库"就有"账外账"。

（四）现金管理八不准

按照国务院发布的《现金管理暂行条例》规定，企业、事业单位和行政机关团体、部队现金管理应遵守八不准：

1. 不准用不符合财务制度的凭证顶替库存现金。
2. 不准单位之间互相借用现金。
3. 不准谎报用途套取现金。
4. 不准利用银行账户代其他单位和个人存入或支取现金。
5. 不准将单位收入的现金以个人名义存入。
6. 不准保留账外公款。
7. 不准发行变相货币。
8. 不准以任何票券代替人民币在市场上流通。

（五）现金保管制度

现金保管制度一般应包括如下内容：

1. 超过库存限额以外的现金应在下班前送存银行。

2. 为加强对现金的管理，除工作时间需要的小量备用金可放在出纳员的抽屉内，其余则应放入出纳专用的保险柜内，不得随意存放。

3. 限额内的库存现金当日核对清楚后，一律放在保险柜内，不得放在办公桌内过夜。

4. 单位的库存现金不准以个人名义存入银行，以防止有关人员利用公款私存取得利息收入，也防止单位利用公款私存形成账外小金库。银行一旦发现公款私存，可以对单位处以罚款，情节严重的，可以冻结单位现金支付。

5. 库存现金，包括纸币和铸币，应实行分类保管。各单位的出纳员对库存票币分别按照纸币的票面金额和铸币的币面金额，以及整数（即大数）和零数（即小数）分类保管。

任务一　现金业务核算

如果你是出纳员，你知道报销差旅费等现金业务流程吗，该如何处理这些业务呢？

一、现金收付业务的处理原则

（一）现金收入的处理原则

1. "桌面清"原则。
2. "唱收"原则。
3. "一笔一清"原则。
4. 坚持"复点"制度。

（二）现金支付的处理原则

1. 必须以真实、合法、准确的付款凭证为依据。
2. 必须以谨慎严肃的态度来处理支付业务，宁可慢一些，也不能疏忽大意。
3. 必须以手续完备、审核无误的付款凭证为最终付款依据。
4. 现金支付时，应该当面点清，双方确认无误。
5. 不得套取现金用于支付。

二、现金收付业务账务处理程序

（一）现金收入业务处理程序

1. 审核现金收入来源及有关原始凭证；
2. 清点现金并复点，妥善保管现金；
3. 出据收款收据并加盖"现金收讫"印章，或在审核无误的销售发票上加盖"现金收讫"印章；

4. 根据收款后的原始凭证编制现金收款记账凭证。

(二) 现金支付业务处理程序

1. 审核付款原始凭证及报销人员填制并经领导批准的报销单 (如图1-1所示);
2. 在审核无误的原始凭证上加盖"现金付讫"印章;
3. 取出现金并进行复点后支付;
4. 根据付款后的原始凭证编制现金付款记账凭证;
5. 根据现金付款记账凭证登记现金日记账。

任务在线

2011年5月6日,销售部经理杨远出差回来后,将经过审核程序后的差旅费报销单送到财务部报销,差旅费报销单所附的原始单据包括:出差来回的火车票两张共计1000元,出租车票6张共76元,住宿发票1张600元,餐饮发票4张共880元,出差补助每天60元,共3天,合计180元,报销金额共计2736元。5月3日,杨远从财务部借款3000元;5月6日,杨远退回现金264元。

(提示:差旅费报销单是指对出差过程中取得的原始单据进行汇总填列的单据,是企业自制的原始凭证。)

【业务流程】

填写差旅费报销单 → 将原始凭证粘贴在差旅费报销单后 → 送交审核 → 到财务部报销并退回现金264元 → 会计核算(审核、开具收款收据、填制记账凭证、登记日记账等)

【业务办理】

第一步:杨远依据原始凭证填写差旅费报销单(如图1-1所示),并将原始凭证粘贴在差旅费报销单后。

差旅费报销单

2011年5月6日

出差事由			联系业务			工程项目(或合同):								
出差人	所属部门	出发		返回		起止地点	交通工具	交通费		出差补贴		其他费用		
		月	日	月	日			单据张数	金额	天数	金额	项目	单据张数	金额
杨远	销售部	5	3	5	6	成都—合肥	火车	2	1000.00	3	180.00	住宿费	1	600.00
							出租车	6	76.00			餐饮费	4	880.00
小计								8	1076.00	3	180.00		5	1480.00
合计	大写:人民币贰仟柒佰叁拾陆元整									小写:¥2736.00 预借差旅:¥3000.00				

总经理　　　　　财务经理　　　　　　　　　　　　部门经理　　　　　经办人 杨远

图1-1　差旅费报销单

第二步：送交审核。杨远按照公司规定的审核程序，逐级送交审核。

第三步：杨远将经过审核程序后的差旅费报销单送到财务部张红处报销，并退回给财务部现金 264 元（如图 1-2 所示）。

差旅费报销单

2011年5月6日

出差事由		联系业务				工程项目(或合同)：								
出差人	所属部门	出发		返回		起止地点	交通工具	交通费		出差补贴		其他费用		
		月	日	月	日			单据张数	金额	天数	金额	项目	单据张数	金额
杨远	销售部	5	3	5	6	成都—合肥	火车	2	1000.00	3	180.00	住宿费	1	600.00
							出租车	6	76.00			餐饮费	4	880.00
小计								8	1076.00	3	180.00		5	1480.00
合计	大写：人民币贰仟柒佰叁拾陆元整							小写：￥2736.00 预借差旅：￥3000.00						

总经理 陈伟　　　财务经理 王明　　　　　　部门经理 杨远　　　经办人 杨远

图 1-2　差旅费报销单

【账务处理】

（1）财务审核：张红按财务报销制度进行审核。

（2）张红收款并开具收款收据，一式三联：第一联为存根联，第二联交给交款人，第三联为记账联，如图 1-3 所示。

收 款 收 据

第三联：交 款　　　　　　　　　　　2011年05月06日

今收到	杨 远
人民币贰佰陆拾肆元整	￥264.00
摘 由 退回多余的预借差旅费	

单位盖章：　　　会计：　　　　　出纳：张红　　　　经手人：张红

图 1-3　收款收据

（3）张红填制记账凭证（如图1-4所示），并将差旅费报销单附在记账凭证背面。

记 账 凭 证

2011年05月06日　　　　　　　　　　　　　　　记字第02号

摘要	总账科目	明细科目	借方金额											贷方金额											
			亿	千	百	十	万	千	百	十	元	角	分	亿	千	百	十	万	千	百	十	元	角	分
报销差旅费	销售费用	差旅费				2	7	3	6	0	0													
报销差旅费	库存现金						2	6	4	0	0													
报销差旅费	其他应收款	杨远															3	0	0	0	0	0		
合计					¥	3	0	0	0	0	0					¥	3	0	0	0	0	0		

附单据15张

财务主管　　　　　记账　　　　　　　出纳　　　　　审核　　　　　制单　张红

图1-4　记账凭证

（4）李丽审核记账凭证，并签章。

（5）张红依据审核后的记账凭证，登记"库存现金"日记账（如图1-5所示）；李丽依据记账凭证登记"销售费用""其他应收款"明细账、总账以及库存现金总账。

库 存 现 金 日 记 账

2011年		凭证号数	对方科目	摘　　要	√	收入（借方）金额									付出（贷方）金额								
月	日					千	百	十	万	千	百	十	元	角	分	千	百	十	万	千	百	十	元	角
5	1			期初余额																				
	4	记01	银行存款	提现备用				2	0	0	0	0	0	0										
	6	记02	销售费用	报销差旅费						2	6	4	0	0									

图1-5　库存现金日记账

该公司2011年5月4日提现两万元备用，原始凭证如图1-6所示。

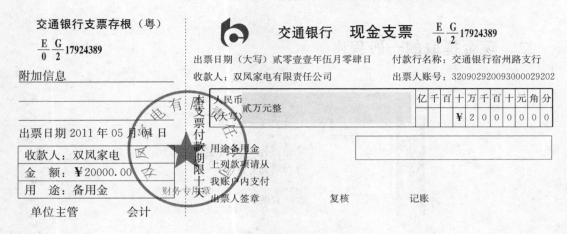

交通银行支票存根（粤）

$\dfrac{E}{0}\dfrac{G}{2}$ 17924389

附加信息

_____

出票日期 2011 年 05 月 04 日

收款人：	双凤家电
金 额：	￥20000.00
用 途：	备用金

单位主管　　　会计

交通银行　现金支票　$\dfrac{E}{0}\dfrac{G}{2}$ 17924389

出票日期（大写）贰零壹壹年伍月零肆日　　付款行名称：交通银行宿州路支行

收款人：双凤家电有限责任公司　　出票人账号：32090292009300029202

人民币（大写）贰万元整

亿	千	百	十	万	千	百	十	元	角	分
				￥	2	0	0	0	0	0

用途 备用金
上列款项请从
我账户内支付

出票人签章　　　　　复核　　　　　记账

图 1-6　现金支票

任务二　现金存取核算

作为企业的会计人员，你知道企业现金存取的流程吗，面对现金支票，你又应该如何制作出来呢？

一、现金送存的一般程序

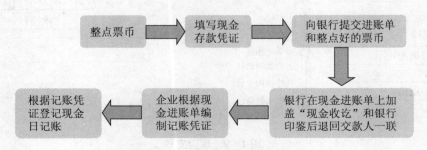

图 1-7　现金送存的一般程序

二、现金提取的一般程序

图 1-8 现金提取的一般程度

任务在线——现金提取核算

出纳员张红应完成如下工作任务：从银行提取现金、收取员工因各种原因应退回款项以及收取银行结算起点以下的零星款项等。

【目标活动】

2011 年 5 月 4 日，根据现金库存量和实际需要，张红需要从银行提取现金 20000 元。

【业务流程】

填写现金支票 → 签章 → 到银行提取现金 → 会计核算（填制记账凭证、登记日记账等）

【业务办理】

第一步：出纳员张红填写现金支票，如图 1-9 所示。

（小提示：现金支票以及后面提到的各种银行单据都是从银行购买或取得的。）

交通银行支票存根（粤）

$\frac{E\ G}{0\ 2}$17924389

附加信息

_____

_____

出票日期 2011 年 05 月 04 日

收款人：	双凤家电
金 额：	￥20000.00
用 途：	备用金

单位主管　　　会计

交通银行　现金支票　$\frac{E\ G}{0\ 2}$17924389

出票日期（大写）贰零壹壹年伍月零肆日　　付款行名称：交通银行宿州路支行

收款人：双凤家电有限责任公司　　出票人账号：32090292009300029202

人民币（大写）	贰万元整	亿	千	百	十	万	千	百	十	元	角	分
						￥	2	0	0	0	0	0	0

本支票付款期限十天

用途 备用金

上列款项请从我账户内支付

出票人签章　　　复核　　　记账

图 1-9 现金支票

第二步：签章。加盖财务专用章、法人代表章或其委托人员的私章等银行预留印鉴，如图 1-10 所示。支票背面如图 1-11 所示。

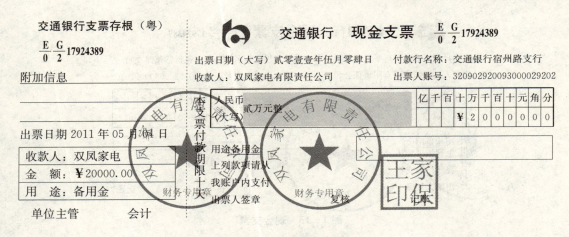

图1－10　现金支票

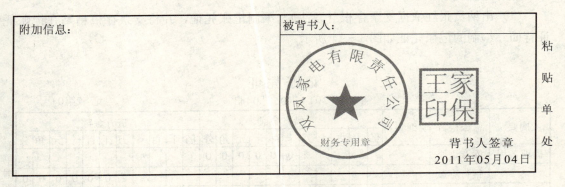

图1－11　支票背面

第三步：剪下票头（即支票存根），将其作为填制记账凭证的附件，即原始凭证。支票头如图1－12所示。

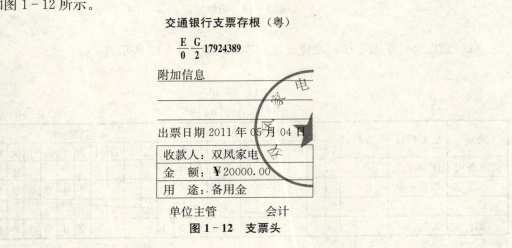

图1－12　支票头

第四步：张红持如下现金支票（见图1－13）到银行提取现金20000元。

交通银行　现金支票　$\frac{E}{0}\frac{G}{2}$ 17924389

出票日期（大写）贰零壹壹年伍月零肆日　　付款行名称：交通银行宿州路支行

收款人：双凤家电有限责任公司　　出票人账号：3209092009300029202

本支票付款期限十天	人民币（大写）贰万元整	亿	千	百	十	万	千	百	十	元	角	分
					¥	2	0	0	0	0	0	0

用途备用金
上列款项请从
我账户内支付
出票人签章

复核　　　　　记账

图 1－13　现金支票

【账务处理】

（1）出纳员张红依据支票存根（票头），编制记账凭证，并将支票存根粘贴在记账凭证背面。编制的记账凭证如图 1－14 所示。

记 账 凭 证

2011年05月04日　　　　　记字第01号

摘要	总账科目	明细科目	借方金额											贷方金额											附单据1张
			亿	千	百	十	万	千	百	十	元	角	分	亿	千	百	十	万	千	百	十	元	角	分	
提现备用	库存现金						2	0	0	0	0	0	0												
	银行存款																	2	0	0	0	0	0	0	
合计						¥	2	0	0	0	0	0	0			¥	2	0	0	0	0	0	0		

财务主管　　　　记账　　　　　出纳　　　　　审核　　　　制单　张红

图 1－14　记账凭证

（2）总账会计李丽审核记账凭证，并签章，如图 1－15 所示。

记 账 凭 证

2011年05月04日　　　　　记字第01号

摘要	总账科目	明细科目	借方金额											贷方金额											附单据1张
			亿	千	百	十	万	千	百	十	元	角	分	亿	千	百	十	万	千	百	十	元	角	分	
提现备用	库存现金						2	0	0	0	0	0	0												
	银行存款																	2	0	0	0	0	0	0	
合计						¥	2	0	0	0	0	0	0			¥	2	0	0	0	0	0	0		

财务主管　　　　记账　　　　　出纳　　　　　审核　李丽　　　制单　张红

图 1－15　记账凭证

（3）出纳员张红依据审核后的记账凭证，登记库存现金和银行存款日记账，并在记账凭证上签章。总账会计李丽依据记账凭证登记库存现金和银行存款总账，并在记账凭证上签章。入账后的记账凭证如图 1-16 所示，库存现金日记账如图 1-17 所示。

记 账 凭 证
2011年05月04日   记字第01号

摘要	总账科目	明细科目	借方金额										贷方金额										附单据
			亿	千	百	十	万	千	百	十	元	角	分	亿	千	百	十	万	千	百	十	元	角	分	
提现备用	库存现金					2	0	0	0	0	0	0												附单据1张
	银行存款															2	0	0	0	0	0	0	
合计					￥	2	0	0	0	0	0	0			￥	2	0	0	0	0	0	0	

财务主管   记账 李丽   出纳 张红   审核 李丽   制单 张红

图 1-16 入账后的记账凭证

库存现金日记账

2011年		凭证号数	对方科目	摘　要	√	收入（借方）金额									付出（贷方）金额										结存金额									
月	日					千	百	十	万	千	百	十	元	角	分	千	百	十	万	千	百	十	元	角	分	千	百	十	万	千	百	十	元	角	分
5	1			期初余额																										6	0	0	0	0	0
	4	记01	银行存款	提现备用					2	0	0	0	0	0	0														2	6	0	0	0	0

图 1-17 库存现金日记账

任务在线二——现金存入银行

【目标活动】

2011 年 5 月 6 日，张红到银行缴存现金 12000 元。

【业务流程】

张红携带现金到银行→填写现金交款单→将现金及现金交款单交给柜台工作人员→取回加盖银行章的回单 → 会计核算（填制记账凭证、登记日记账等）

【业务办理】

第一步：填写现金交款单。张红从银行取得空白的现金交款单，按要求逐项填列，如图 1-18 所示。

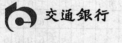

交通银行　　　　　　现 金 交 款 单

　　　　　　　　　　2011年05月06日　　　　　　　　　　　　附件　　张

客户填写	收款单位	双凤家电有限责任公司	开户行	交通银行宿州路支行											第一联
收款账号	32090292009300 0029202	摘要	超限额现金										
币种及金额（大写）	人民币壹万贰仟元整	千	百	十	万	千	百	十	元	角	分	银行记账联
		¥	1	2	0	0	0	0	0
银行专用栏															

　　　会计主管　　　　　　复核　　　　　　记账

图 1－18　现金交款单

第二步：张红将现金及现金交款单交给柜台工作人员。

第三步：张红取回加盖银行章的回单，如图 1－19 所示。

交通银行　　　　　　现 金 交 款 单

　　　　　　　　　　2011年05月06日　　　　　　　　　　　　附件　　张

客户填写	收款单位	双凤家电有限责任公司	开户行	交通银行宿州路支行											第一联
收款账号	32090292009300 0029202	摘要	超限额现金										
币种及金额（大写）	人民币壹万贰仟元整	千	百	十	万	千	百	十	元	角	分	银行回单联
		¥	1	2	0	0	0	0	0
银行专用栏															

　　　会计主管　　　　　　复核　　　　　　记账

图 1－19　现金交款单回单

【会计核算】

（1）张红依据上述回单，填制记账凭证（如图 1－20 所示），将银行回单粘贴在记账凭证背面。

记 账 凭 证

2011年05月06日　　　　　　　　　　　　记字第03号

摘要	总账科目	明细科目	借方金额											贷方金额											附单据
			亿	千	百	十	万	千	百	十	元	角	分	亿	千	百	十	万	千	百	十	元	角	分	1张
多余现金交存银行	银行存款						1	2	0	0	0	0	0												
		库存现金																1	2	0	0	0	0	0	
合计						¥	1	2	0	0	0	0	0				¥	1	2	0	0	0	0	0	

财务经理　　　　　记账　　　　　出纳　　　　　审核　　　　　制单　张红

图1-20　记账凭证

（2）李丽审核记账凭证，并签章。

（3）张红依据审核后的记账凭证，登记库存现金（如图1-21所示）和银行存款日记账；李丽登记库存现金和银行存款总账。

库 存 现 金 日 记 账

2011年		凭证号数	对方科目	摘　要	√	收入（借方）金额										付出（贷方）金额										结存金额									
月	日					千	百	十	万	千	百	十	元	角	分	千	百	十	万	千	百	十	元	角	分	千	百	十	万	千	百	十	元	角	分
5	1			期初余额																										6	0	0	0	0	0
	4	记01	银行存款	提现备用					2	0	0	0	0	0	0														2	6	0	0	0	0
	6	记02	销售费用	报销差旅费						2	6	4	0	0															2	6	2	6	4	0	0
	6	记03	银行存款	缴存现金															1	2	0	0	0	0	0				1	4	2	6	4	0	0

图1-21　库存现金日记账

任务三　其他业务核算

任务在线

2011年5月8日，采购部高利因出差需要向财务借款4000元。作为会计人员，你如何设计高利的借款流程，如何对该业务进行处理呢？

【目标活动一】

2011年5月8日，采购部高利因出差需要向财务借款4000元。

【业务流程】

填写借款单 → 送交审核 → 支取现金 → 会计核算（审核、填制记账凭证、登记日记账等）

【业务办理】

第一步：高利从财务部取得空白的借款单，按要求逐项填列，如图 1-22 所示。

<u>借　款　单</u>　　　　　NO.4571342

2011年05月08日

今借给		高利	
人民币肆仟元整		¥4000.00	
摘由	预借差旅费		

审核：　　　　　部门主管：　　　　　　出纳：　　　　　经手人：高利

图 1-22　借款单

第二步：高利按公司财务制度规定的审核程序送交审核。审核后的借款单如图 1-23 所示。

<u>借　款　单</u>　　　　　NO.4571342

2011年05月08日

今借给		高利	
人民币肆仟元整		¥4000.00	
摘由	预借差旅费		

审核　陈伟　　　部门主管　黄俊　王明　　　出纳　张红　　　经手人　高利

图 1-23　审核后的借款单

第三步：高利将借款单送交财务部借款。

第四步：张红按财务报销制度审核后，支付高利现金 4000 元，并在借款单上加盖现金付讫章，如图 1-24 所示。

<u>借　款　单</u>　　　　　NO.4571342

2011年05月08日

今借给		高利	
人民币肆仟元整		¥4000.00　现金付讫	
摘由	预借差旅费		

审核　陈伟　　　部门主管　黄俊　王明　　　出纳　张红　　　经手人　高利

图 1-24　借款单

【会计核算】

（1）张红依据借款单，填制记账凭证（如图 1-25 所示），将借款单粘贴在记账凭证背面。

记 账 凭 证

2011年05月08日　　　　　　　　　　　　　　记字第10号

摘要	总账科目	明细科目	借方金额												贷方金额												附单据
			亿	千	百	十	万	千	百	十	元	角	分	亿	千	百	十	万	千	百	十	元	角	分	
高利预支差旅费	其他应收款	高利						4	0	0	0	0	0												附单据1张
	库存现金																		4	0	0	0	0	0	
合计							¥	4	0	0	0	0	0					¥	4	0	0	0	0	0	

财务经理　　　　记账　　　　　　出纳　　　　　审核　　　　制单　张红

图 1-25　记账凭证

（2）李丽审核记账凭证，并签章。

（3）张红依据审核后的记账凭证，登记"库存现金"日记账（如图 1-26 所示）；李丽依据记账凭证登记其他应收款明细账、总账和库存现金总账。

库 存 现 金 日 记 账

2011年		凭证号数	对方科目	摘要	√	收入（借方）金额										付出（贷方）金额										结存金额								
月	日					千	百	十	万	千	百	十	元	角	分	千	百	十	万	千	百	十	元	角	分	千	百	十	万	千	百	十	元	角	分
5	1			期初余额																									6	0	0	0	0	0
	4	记01	银行存款	提现备用				2	0	0	0	0	0	0															2	6	0	0	0	0
	6	记02	销售费用	报销差旅费						2	6	4	0	0															2	6	2	6	4	0	0
	6	记03	银行存款	缴存现金														1	2	0	0	0	0	0					1	4	2	6	4	0	0
	8	记10	其他应收款	高利预支差旅费															4	0	0	0	0	0					1	0	2	6	4	0	0

图 1-26　库存现金日记账

【目标活动二】

2011 年 5 月 9 日，双凤公司对仓储部实行定额备用金管理，定额为 5000 元，部门经理刘阳按规定程序从财务部领取备用金 5000 元。

【业务流程】

填写借款单 → 送交审核 → 支取现金 → 会计核算（审核、填制记账凭证、登记日记账等）

【业务办理】

第一步：刘阳从财务部取得空白的借款单，按要求逐项填列。需填制的原始凭证与借款业务相同。

第二步：刘阳按公司财务制度规定的审核程序送交审核。需办理的手续与借款业务相同。

第三步：刘阳将借款单送交财务部借款。

第四步：张红按财务制度审核后，支付刘阳现金5000元，并在借款单上加盖现金付讫章。需办理的手续与借款业务相同。

【账务处理】

(1) 张红依据借款单，填制记账凭证（如图1-27所示），将借款单粘贴在记账凭证背面。

记账凭证

2011年05月09日 　　　　　　　　　　　　　　　记字第12号

摘要	总账科目	明细科目	借方金额											贷方金额											
			亿	千	百	十	万	千	百	十	元	角	分	亿	千	百	十	万	千	百	十	元	角	分
核拨仓储部备用金	其他应收款	备用金（仓储部）					5	0	0	0	0	0												
	库存现金																	5	0	0	0	0	0	
合计						¥	5	0	0	0	0	0					¥	5	0	0	0	0	0	

附单据1张

财务经理　　　　记账　　　　出纳　　　　审核　　　　制单　张红

图1-27　记账凭证

(2) 李丽审核记账凭证，并签章。

(3) 张红依据审核后的记账凭证，登记"库存现金"日记账（如图1-28所示）；李丽依据记账凭证登记其他应收款明细账、总账以及库存现金总账。

库存现金日记账

2011年		凭证号数	对方科目	摘要	√	收入（借方）金额										付出（贷方）金额										结存金额									
月	日					千	百	十	万	千	百	十	元	角	分	千	百	十	万	千	百	十	元	角	分	千	百	十	万	千	百	十	元	角	分
5	1			期初余额																									6	0	0	0	0	0
	4	记01	银行存款	提现备用					2	0	0	0	0	0	0														2	6	0	0	0	0
	6	记02	销售费用	报销差旅费							2	6	4	0	0														2	6	2	6	4	0	0
	6	记03	银行存款	缴存现金														1	2	0	0	0	0	0					1	4	2	6	4	0	0
	8	记10	其他应收款	高利预支差旅费															4	0	0	0	0						1	0	2	6	4	0	0
	9	记12	其他应收款	拨付备用金															5	0	0	0	0							5	2	6	4	0	0

图1-28　库存现金日记账

任务四 现金清查

项目实施

齐天隆公司 2011 年 5 月 23 日发生如下两笔业务。

（1）现金盘点中发现短缺 15 元，原因待查。

（2）经查明，上述短缺款项是出纳员丁冬工作疏忽所致，由其赔偿。

作为出纳员，以上两笔业务你应当如何处理？

知识平台

一、现金清查制度

现金的清查是通过对库存现金的实地盘点并与现金账户进行核对来检查账实是否相符，保护现金的安全完整。现金的清查包括出纳员对现金的日常核对清点和清点组定期或不定期的现金清查。

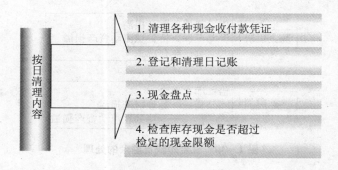

图 1 - 29 现金清理内容流程

一般来说，现金清查多采用突击盘点方法，不预先通知出纳员，以防预先做手脚，盘点时间最好在一天业务没有开始之前或一天业务结束后，由出纳员将截至清查时现金收付账项全部登记入账，并结出账面余额。这样可以避免干扰正常的业务。清查时出纳员应始终在场，并给予积极的配合。清查结束后，应由清查人填制"库存现金清查盘点报告表"（如下表），填列账存、实存以及溢余或短缺余额，并说明原因，上报有关部门或负责人进行处理。

库存现金清查盘点报告表

单位名称：　　　　　　　　　　　年　月　日　　　　　　　　　　　　单位：元

库存金额	账面余额	盘盈金额	盘亏金额	备注
盘盈盘亏说明				

会计签字：　　　　　　　　　　　　　　　　　　　　　　　出纳签字：

现金清查中应注意以下几个问题：

（1）清查时现金出纳人员应在场。

（2）企业库存现金分放两处或两处以上的，应同时清查或先封存再依次清查。

（3）清查时，不仅要检查账实是否相符，还应查明现金收付业务是否遵守财经纪律，现金的管理工作是否符合现金的管理制度等。

（4）清查时发现现金短缺或盈余，应设法查明原因，并编制现金盘点报告，列明实存、账存及盈余金额。有盈余金额的应说明原因，及时报请有关负责人，根据不同情况作出处理。

二、现金短缺及溢余的处理

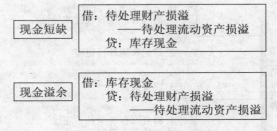

现金短缺　　借：待处理财产损溢
　　　　　　　　　　——待处理流动资产损溢
　　　　　　　贷：库存现金

现金溢余　　借：库存现金
　　　　　　　贷：待处理财产损溢
　　　　　　　　　　——待处理流动资产损溢

图 1 - 30　现金短缺及溢余的处理

现金短缺或溢余，查明原因后作如下处理：

(一) 现金短缺的业务处理

现金短缺，属于应由责任人（或保险公司）赔偿的部分，应当：

借：其他应收款——应收现金短缺（或应收保险赔款）

　　贷：待处理财产损溢——待处理流动资产损溢

属于无法查明的其他原因，根据管理权限，经批准后处理，应当：

借：管理费用——现金短缺

　　贷：待处理财产损溢——待处理流动资产损溢

（二）现金溢余的业务处理

现金溢余，属于应支付给有关人员或单位的，应当：

借：待处理财产损溢——待处理流动资产损溢

　　贷：其他应付款——应付现金溢余（个人或单位）

属于无法查明原因的现金溢余，经批准后，应当：

借：待处理财产损溢——待处理流动资产损溢

　　贷：营业外收入——现金溢余

三、任务实施

1. 任务内容：现金盘点中发现短缺 15 元，原因待查

任务分析：现金盘点中发现短缺，在查明原因前应记入"待处理财产损溢"账户，会计分录为：

借：待处理财产损溢——待处理流动资产损溢　　　　15

　　贷：库存现金　　　　　　　　　　　　　　　　15

2. 任务内容：经查明，上述短缺款项是出纳员丁冬工作疏忽所致，由其赔偿

任务分析：现金短缺属于应由责任人赔偿的部分，在收到赔偿款前，应当记入"其他应收款"账户，会计分录为：

借：其他应收款——应收现金短缺（或丁冬）　　　　15

　　贷：待处理财产损溢——待处理流动资产损溢　　　15

四、任务在线

【目标活动】

2011 年 5 月 26 日，双凤公司清查库存现金，盘点结果发现现金少了 200 元，无法查明原因。

【业务流程】

清查前准备工作→ 实地盘点清查→ 填制库存现金盘点报告表→ 会计核算（审核、填制记账凭证、登记账簿）

【业务办理】

第一步：清查前准备工作。2011 年 5 月 25 日，出纳先检查库存现金日记账，确保所有现金业务均已入账。

第二步：2011 年 5 月 26 日，实地盘点清查，由清查人员进行实地盘点清查，检查库存现金的实存数，再与账面金额核对；检查有无违反现金管理制度的规定，如以白条抵库、现金有无超出银行规定的金额、有无坐支行为等。现金清查时，出纳张红需在场。

第三步：根据盘点结果，填制"库存现金盘点报告表"，并由清查人员和出纳签名盖章，如图 1 – 31 所示。

库存现金盘点报告表

2011 年 5 月 26 日

币种	实存金额	账存金额	对比结果		备注
			盘盈	盘亏	
人民币	4320	4520		200	

盘点人员签章：王明　　　　　　　　　　　　　　　　出纳签章：张红

图 1 – 31　库存现金盘点报告表

【会计处理】

（1）张红根据库存现金盘点报告表编制记账凭证（如图 1 – 32 所示），并将库存现金盘点报告表粘贴在记账凭证背面。

记 账 凭 证

2011年05月26日　　　　　　　　　　　　　　　　记字第X号

摘要	总账科目	明细科目	借方金额										贷方金额										
			亿	千	百	十	万	千	百	十	元	角	分	亿	千	百	十	万	千	百	十	元	角	分
现金短款	待处理财产损溢	待处理流动资产损溢						2	0	0	0	0												
	库存现金																		2	0	0	0	0	
合计							￥	2	0	0	0	0						￥	2	0	0	0	0	

附单据 1 张

财务主管　　　　　　记账　　　　　　出纳　　　　　　审核　　　　　　制单　张红

图 1 – 32　记账凭证

（2）李丽审核记账凭证，并签章。

（3）张红依据审核后的记账凭证，登记库存现金日记账（略）；李丽依据记账凭证登记"待处理财产损溢"明细账、总账和"库存现金"总账。

五、现金短缺的处理

【目标活动】

2011 年 5 月 30 日，双凤公司将库存现金清查结果报领导审批，批复意见为："无法查明原因，列作管理费用。"

【业务流程】

将现金清查结果报领导审批→ 批复传至财务部→会计核算（填制记账凭证、登记账簿）

【业务办理】

第一步：清查人员根据现金清查结果填写"库存现金清查处理单"，报领导审批。

第二步：公司总经理陈伟审批。审批后"库存现金清查处理单"如图1-33所示。

库存现金清查处理单

2011 年 05 月 30 日

币种	清查结果		处理意见
	盘盈	盘亏	
人民币		200	转作管理费用。 陈伟 2011.5.30

财务主管　王明　　　　　　　　总经理　　　　　　　　制表　李丽

图1-33　库存现金清查处理单

第三步：将批复意见传至财务部。

【会计核算】

（1）张红根据审批后的现金清查处理单编制记账凭证（如图1-34所示），并将库存现金盘点报告表粘贴在记账凭证背面。

记 账 凭 证

2011年05月26日　　　　　　　　　　　　记字第X号

摘要	总账科目	明细科目	借方金额											贷方金额											附
			亿	千	百	十	万	千	百	十	元	角	分	亿	千	百	十	万	千	百	十	元	角	分	单据
处理现金短款	管理费用	其他						2	0	0	0	0													1张
	待处理资产损溢	待处理流动资产损溢																	2	0	0	0	0	
合计								¥	2	0	0	0	0						¥	2	0	0	0	0	

财务主管　　　　　记账　　　　　出纳　　　　　审核　　　　　制单　张红

图1-34　记账凭证

（2）李丽审核记账凭证，并签章。

（3）李丽依据记账凭证登记"待处理财产损溢"和"管理费用"的明细账、总账。

练一练

一、单项选择题

1. 根据《现金管理暂行条例》的要求，零星支出可以使用现金的结算起点为（　　）。

A. 1000 元以下　　　　B. 1000 元　　　　　C. 2000 元以下　　　　D. 2000 元

2. 定额备用金管理与核算的特点是（　　）。

A. 根据企业内部某部门或个人实际需要，一次付给现金

B. 使用后持有关原始凭证报销，余款交回

C. 使用后报销时，财会部门按照核准报销的金额付给现金，补足备用金定额

D. 一般用于临时性差旅费报销业务

3. 采购人员预借差旅费，以现金支付，应借记（　　）账户核算。

A. 现金　　　　　　　　　　　　B. 管理费用

C. 其他应收款　　　　　　　　　D. 其他应付款

4. 开户单位在规定的现金使用范围内从开户银行提取现金，应当写明用途，由（　　）签字盖章，经开户银行审核后，予以支付现金。

A. 单位负责人　　　　　　　　　B. 财会部门负责人

C. 出纳　　　　　　　　　　　　D. 内部审计人员

5. 下列事项中，单位开户银行可以直接使用现金的有（　　）。

A. 发给公司甲某的 800 元奖金

B. 支付给公司临时工王某的 2000 元劳务报酬

C. 向农民收购农产品的 1 万元收购款

D. 出差人员出差必须随身携带的 2000 元差旅费

二、多项选择题

1. 根据内部控制制度的要求，会计人员（非出纳人员）可以经办的是（　　）。

A. 债权、债务类账目的登记　　　B. 现金管理业务

C. 现金收付业务　　　　　　　　D. 会计档案保管

2. 根据内部控制制度的要求，出纳人员不得经办的是（　　）。

A. 现金收付业务　　　　　　　　B. 收入、费用类账目的登记

C. 债权、债务类账目的登记　　　D. 各项业务的稽核

3. 采购员报销差旅费涉及的账户有（　　）。

A. 其他应收款　　　　　　　　　B. 现金

C. 其他应付款　　　　　　　　　D. 管理费用

4. 按照现金保管制度的要求，出纳人员应该（　　）。

A. 超过库存限额以外的现金应在下班前送存银行

B. 限额内的库存现金当日核对清楚后，一律放入保险柜内，不得放在办公桌内过夜

C. 单位的库存现金不准以个人名义存入银行

D. 库存的纸币和铸币实行分类保管

三、判断题

1. 对实行定额备用金制度的企业，在账务处理上需要设置"其他应收款——备用金"账户进行核算，也可单独设置"备用金"账户核算。（　　）

2. 企事业单位在需要现金开支时，可以从本单位的库存现金中支付，也可以从本单位的现金收入中直接支付。（　　）

3. 出纳人员不得负责收入、费用、债权、债务等账目的登记工作，但可以兼管会计档案保管。（　　）

4. 开户单位在销售活动中，不得对现金结算给予比转账结算优惠的待遇。（　　）

5. 对于开户单位的所有大额现金支出均需要进行备案。（　　）

四、实务题

2012 年 1 月 1 日，湖南万通有限公司出纳王宽从开户银行提取现金 20000 元备用。（要求填写现金支票，并填制记账凭证）

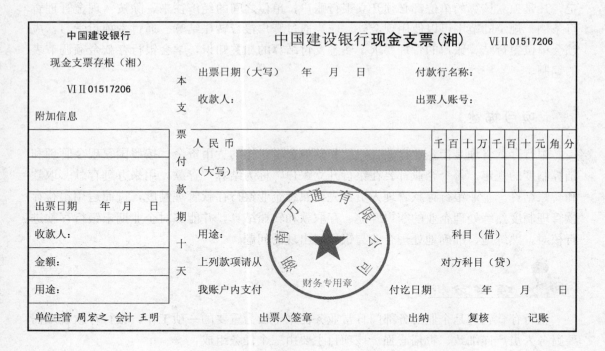

项目二　银行存款管理

学习目标

1. 能够理解并熟练运用银行存款账户开立、管理、变更和撤销等经济法律知识。
2. 能够掌握并灵活运用银行涉及的各种支付结算方式。
3. 能够熟练掌握银行存款日记账的登记和银行存款余额调节表的编制。

项目任务

　　银行存款是指企事业单位在银行或其他金融机构中的货币资金。按照国家的有关规定，凡是独立核算的单位都必须开立银行账户，单位之间的经济往来，除按《现金管理暂行条例》规定的范围可以使用现金外，应当通过开户银行转账结算。通过本项目学习，应领会单位银行结算账户的管理要求，熟悉支付结算的相关知识，学会银行存款余额调节表的编制。

项目描述

　　银行存款管理是指企业存放在银行和其他金融机构的货币资金。按照国家现金管理和结算制度的规定，每个企业都要在银行开立账户，称为结算户存款，用来办理存款、取款和转账结算。企业银行存款管理人员首先要熟悉企业银行存款管理制度，进而运用银行存款管理制度熟练处理企业的账户开立、存取款和转账结算，并能够对企业期末银行存款进行核对，熟练地、准确地处理企业与银行间出现的问题。

项目分析

　　银行存款管理是企业财务部门日常业务往来中极为重要的一项工作，银行存款管理需要财务人员严谨细致、责任心强。该项目主要由三个任务组成：

　　1. 银行账户的管理，主要是明确国家对银行存款管理中的相关法律规章制度，熟悉银行存款账户开立、管理、变更和撤销等的办理业务流程。

　　2. 银行各种支付结算方式，主要是涉及银行等金融机构之间的存款、取款和转账采取哪种支付方式。

　　3. 银行存款的序时核算及清查，及时掌握银行与企业之间各种未达账项的处理。

任务一　银行账户的管理

项目实施

个体工商户张旺在一家银行办理业务时，看到银行营业大厅中贴有单位结算账户办理年检的通知，他就在想"以我本人名字开立的账户是个人结算账户还是单位结算账户？这账户是否参加年检？"

如果你是银行存款财务人员，你知道个人结算账户开户办理流程吗？

知识平台

一、银行结算账户的类型

（一）银行结算账户的概念

根据《账户管理办法》的规定，人民币银行结算账户（以下简称银行结算账户），是指银行为存款人开立的用于办理现金存取、转账结算等资金收付活动的人民币活期存款账户。它是存款人办理存、贷款和资金收付活动的基础。

按照存款人的不同，银行结算账户可分为单位银行结算账户和个人银行结算账户。本章主要介绍单位银行结算账户。

单位银行结算账户是指存款人以单位名称开立的银行结算账户。个体工商户凭营业执照以字号或经营者姓名开立的银行结算账户纳入单位银行结算账户管理。

（二）单位银行结算账户的类型

根据《账户管理办法》的规定，单位银行结算账户按用途分为基本存款账户、一般存款账户、专用存款账户、临时存款账户。

基本存款账户是单位因办理日常转账结算和现金收付需要开立的银行结算账户。

一般存款账户是单位因借款或其他结算需要，在基本存款账户开户银行以外的银行营业结构开立的银行结算账户。

专用存款账户是单位按照法律、行政法规和规章，对其特定用途资金进行专项管理和使用而开立的银行结算账户。

临时存款账户是单位因临时需要并在规定期限内使用而开立的银行结算账户。

人民币银行结算账户的分类如图 2-1 所示。

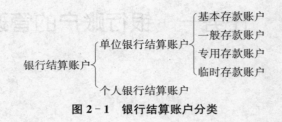

图 2-1 银行结算账户分类

二、银行结算账户的开立

单位可以自主选择银行开立银行结算账户，一般应在注册地开立，符合规定的也可以在异地开立。

企业申请开立单位银行结算账户时，应按照中国人民银行的规定填写开户申请书，然后将开户申请书以及相关的证明文件送交银行审核，待银行核准后，单位应与银行签订银行结算账户管理协议，并将签章样式送交银行留存，建立单位预留签章卡片，由银行发出开户登记证。出纳作为银行与企业的沟通桥梁，应在开户前了解清楚开户需要提供的文件并将相关资料准备好。

（一）基本存款账户的开立

单位申请开立基本存款账户，应向银行出具下列证明文件：①企业法人应出具企业法人营业执照正本；②非法人企业应出具企业营业执照正本；③独立核算的附属机构，应出具其主管部门的基本存款账户开户登记和批文。单位为从事生产、经营活动纳税人的，还应出具税务部门颁发的税务登记证。

（二）一般存款账户的开立

单位申请开立一般存款账户，应向银行出具其开立基本存款账户规定的证明文件、基本存款账户登记证和下列证明文件：①单位因向银行借款需要的应出具借款合同；②单位因其他结算需要的应出具有关证明。

（三）专用存款账户的开立

单位申请开立专用存款账户，应填制开户申请书并向银行出具其开立基本存款账户规定的证明文件，基本存款账户开户登记证和相关专用资金的批文、证明等文件。对下列资金的管理和使用，存款人可申请开立专用存款账户：①基本建设资金；②更新改造资金；③财政预算外资金；④粮、棉、油收购资金；⑤证券交易结算资金；⑥期货交易保证金；⑦信托基金；⑧金融机构存放同业资金；⑨政策性房地产开发资金；⑩单位银行卡备用金；⑪住房基金；⑫社会保障基金；⑬收入汇缴资金和业务支出资金；⑭党、团、工会设在单位的组织机构经费；⑮其他需要专项管理和使用的资金。

（四）临时存款账户的开立

单位申请开立临时存款账户，应向银行出具下列证明文件：①临时机构，应出具其驻在地主管部门同意设立临时的批文；②异地建筑施工及安装单位，应出具其营业执照正本或其隶属单位的营业执照正本，以及施工及安装地建设主管部门核发的许可证或建筑施工及安装合同；③异地从事临时经营活动的单位，应出具其营业执照正本以及临时经营地工商行政管理部门的批文；④注册验资资金，应出具工商行政管理部门核发的企业名称预先核准通知书或有关部门的批文。其中②③项还应出具其基本存款账户开户登记证。

单位有下列情形之一的，可以在异地开立有关银行结算账户：①营业执照注册地与经营地不在同一行政区域需要开立基本存款账户的；②办理异地贷款和其他结算需要开立一般存款账户的；③单位因附属的非独立核算单位或派出机构发生的收入汇缴或业务支出需要开立专用存款账户的；④异地临时经营活动需要开立临时存款账户的。

【想一想】 张旺为个体户，某一天他到朋友所开设的公司，准备借用朋友公司的银行账户转存一笔贷款，你以为该公司能否将其公司的银行账户出借？

三、银行结算账户的使用及管理

单位应按照《账户管理办法》的规定使用银行结算账户办理结算业务，不得出租、出借银行结算账户，不得利用银行结算账户套取银行信用。

基本存款账户是企业单位的主办账户，单位日常经营活动的资金收付及其工资、奖金和日常现金的支取，必须通过该账户办理。单位只能在银行开立一个基本存款账户，其他银行结算账户的开立必须凭基本存款账户开户登记证办理开户手续，并由银行在开户登记证上进行相应登记。

一般存款账户用于办理单位借款转存、借款归还和其他结算的资金收付，该账户可以办理现金缴存，但不得办理现金支取。

专用存款账户用于办理各项专用资金的收付。

临时存款用于办理单位临时机构以及临时经营活动发生的资金收付。该账户应根据有关开户证明文件确定的期限或存款人的需要确定其有效期限，最长不得超过2年。此类账户可按照国家现金管理的规定支取现金。注册验资的临时存款账户在验资期间只收不付。

结算凭证上的签章是明确单位责任以及银行审查结算凭证的重要依据，企业单位应加强对预留银行签章的管理。单位遗失预留公章或财务专用章的，应向开户银行出具书面申请、开户登记证、营业执照等相关证明文件，单位更换预留公章或财务专用章时，应向开户银行出具书面申请、原预留签章的式样等相关文件。

出纳经常来往于银行和企业，在工作中应有足够的职业敏感度，如随时掌握各个不同用途账户的余额，知道需求并及时提醒会计人员平衡各用途账户余额；熟悉各银行产品，进行分析并提出意见策划不同的存款组合；《账户管理办法》规定对已开立的单位银行结算账户实行年检制度，应留意相关通知，及时办理年检手续。

四、银行结算账户的变更和撤销

（一）银行结算账户的变更

企业单位的账户信息资料是银行为单位开立银行结算账户的重要依据和历史记录，是银行为单位提供支付结算服务的必要条件，如果单位的账户信息资料发生变更而企业的出纳人员不及时到开户银行办理变更手续，会影响到企业资金的收付结算以及资金的安全。

根据账户管理的要求，企业单位下列账户资料发生变更后，应向开户银行办理变更手续：①存款人的账户名称；②单位的法定代表人或主要负责人；③地址、邮编、电话；④注册资金等信息；⑤其他资料。

单位更改名称，但不改变开户银行及账号的，出纳人员应于5个工作日内向开户银行提出银行结算账户的变更申请，按要求填写由开户银行统一印制的"变更银行结算账户内容申请书"，并连同相关证明文件提交银行，由开户银行办理变更手续。

单位的法定代表人或主要负责人、住址以及其他开户资料发生变更的，出纳人员应于5个工作日内书面通知开户银行并提供相关证明。

（二）银行结算账户的撤销

撤销是指单位因开户资格或其他原因终止银行结算账户使用的行为。有下列情形之一的单位，应向开户银行提出撤销银行结算账户的申请：

1. 被撤并、解散、宣告破产或关闭的；
2. 注销、被吊销营业执照的；
3. 因迁址需要变更开户银行的；
4. 因其他原因需要撤销银行结算账户的。

有以上第一、第二项情形的单位，因已丧失经济主体的地位或不具备营业资格，不能从事经济活动，应于5个工作日内主动向开户银行提出撤销银行结算账户的申请。超过规定期限未主动办理撤销银行结算账户手续的，银行有权停止其银行结算账户的对外支付。

单位申请撤销银行结算账户时，应填写由银行统一印制的"撤销银行结算账户申请书"。同时，单位必须与开户银行结算账户存款余额，交回各种重要空白票据及结算凭证和开户登记证，经银行核对无误后方可办理销户手续。单位向未清偿其开户银行债权债务的，不得申请撤销该账户。

五、银行账户使用的相关规定

1. 单位银行结算账户的存款人只能在银行开立一个基本存款账户。
2. 存款人应在注册地或住所地开立银行结算账户。按规定可以在异地（跨省、市、县）开立银行结算账户的除外。
3. 存款人可以自主选择银行开立银行结算账户，除国家法律、行政法规和国务院规定外，任何单位和个人不得强令存款人到指定银行开立银行结算账户。

4. 银行结算账户的开立和使用应当遵守法律、行政法规的规定，不得利用银行结算账户进行偷逃税款、逃废债务、套取现金及其他违法犯罪活动。

5. 企业应加强对预留银行签章的管理。

6. 存款人收到对账单或对账信息后，应及时核对账务并在规定期限内向银行发出对账回单或确认信息。

7. 存款人不得出租、出借银行结算账户，不得利用银行结算账户套取银行信用，更不得利用银行结算账户谋取利益。

8. 存款人撤销银行结算账户，必须与开户银行核对银行结算账户存款余额，交回各种重要空白票据及结算凭证和开户许可证，银行核对无误后方可办理销户手续。存款人未按规定交回各种重要空白票据及结算凭证的，应出具有关证明，造成损失的，由其自行承担。存款人尚未清偿其开户银行债务的，不得申请撤销该账户。

9. 单位从其银行结算账户支付给个人银行结算账户的款项，每笔超过 5 万元的，应向其开户银行提供相应的付款依据。从单位银行结算账户支付给个人银行结算账户的款项应纳税的，税收代扣单位付款时应向其开户银行提供完税证明。

10. 对存款人开立的单位银行结算账户实行生效日制度，即单位银行结算账户在正式开立之日起 3 个工作日内，除资金转入和现金存入外，不能办理付款业务，3 个工作日后方可办理付款。

六、违反银行账户管理的处罚规定

（一）存款人开立、撤销银行结算账户

1. 违反本办法规定开立银行结算账户。

2. 伪造、变造证明文件欺骗银行开立银行结算账户。

3. 违反本办法规定不及时撤销银行结算账户。

非经营性的存款人，有上述所列行为之一的，给予警告并处以 1000 元的罚款；经营性的存款人有上述所列行为之一的，给予警告并处以 1 万元以上 3 万元以下的罚款；构成犯罪的，移交司法机关依法追究刑事责任。

（二）存款人使用银行结算账户

1. 违反本办法规定将单位款项转入个人银行结算账户。

2. 违反本办法规定支取现金。

3. 利用开立银行结算账户逃废银行债务。

4. 出租、出借银行结算账户。

5. 从基本存款账户之外的银行结算账户转账存入、将销货收入或现金存入单位卡账户。

6. 法定代表人或主要负责人、存款人地址以及其他开户资料的变更事项未在规定期

限内通知银行。

非经营性的存款人有上述所列一至五项行为的，给予警告并处以 1000 元罚款；经营性的存款人有上述所列一至五项行为的，给予警告并处以 5000 元以上 3 万元以下的罚款；存款人有上述所列第六项行为的，给予警告并处以 1000 元的罚款。

（三）伪造、变造、私自印制开户许可证

伪造、变造、私自印制开户许可证的存款人，属非经营性的处以 1000 元罚款；属经营性的处以 1 万元以上 3 万元以下的罚款；构成犯罪的，移交司法机关依法追究刑事责任。

任务二　支付结算

项目实施

张旺企业和李三企业在同一个城市，张旺企业从李三企业购买了一批材料，张旺企业想通过银行票据方式支付货款给李三企业，请问张旺企业是以银行本票支付还是以银行汇票支付？

知识平台

一、支付结算的概念

支付结算是指单位、个人在社会经济活动中使用票据、信用卡和汇兑、托收承付、委托收款等结算方式进行货币给付及其资金清算的行为。即指不使用现金，通过银行将款项从付款单位直接划转到收款单位。

> 【小资料】
>
> 支付结算的概念源于"银行结算"，1988 年 12 月 19 日中国人民银行颁布的《银行结算办法》将票据及票据之外的结算办法统称为"银行结算"，继 1996 年 1 月 1 日实施《中华人民共和国票据法》和 1997 年 6 月 23 日国务院批准《票据管理实施办法》后，中国人民银行对银行结算办法进了重新修订，于 1997 年 9 月 19 日颁布《支付结算办法》，同年 12 月 1 日起实施。

二、支付结算的原则与要求

支付结算时会涉及付款单位、收款单位、付款银行、收款银行等多个单位，环节多，收付程序复杂。为了保证结算的顺利进行，任何单位都应该严格遵循支付结算的基本原则和要求。

（一）支付结算的原则

根据《支付结算办法》第十六条的规定，单位、个人和银行办理单位支付结算必须遵守下列原则：

1. 恪守信用、履约付款；
2. 谁的钱进谁的账，由谁支配；
3. 银行不垫款。

（二）支付结算的要求

在《支付结算办法》结算记录中明确规定，办理支付结算有四不准：

1. 不准签发没有资金保证的票据或远期支票，套取银行信息。
2. 不准签发、取得和转让没有真实交易和债权债务的票据，套取银行和他人资金。
3. 不准无理拒绝付款，任意占用他人资金。
4. 不准违反规定开立和使用账户。

三、支付结算凭证的填写要求

支付结算业务一般主要由出纳人员办理，在办理过程中必须要填写各种结算凭证，支付结算凭证的填写内容主要有：日期、收款人或付款人、开户银行名称、账户、大小写金额、用途等。

在办理支付结算过程中，无论是银行还是单位和个人，填写的各种票据和结算凭证是办理结算的重要依据，直接关系到资金结算的准确、及时和安全，是记载经济业务和明确经济责任的一种书面证明。《支付结算办法》中明确规定：填写票据和结算凭证，必须做到标准化、规范化、要素齐全、数字正确、字迹清晰、不错漏、不潦草、防止涂改。

四、支付结算的分类

根据《支付结算办法》的规定，企业可以采用的支付结算方式有银行汇票、商业汇票、银行本票、支票、信用卡、汇兑、委托收款、托收承付等。

不同的支付结算方式所适用的区域、能结算的款项、到账时间、手续费等都有所不同，出纳人员应熟悉各种支付结算方式，在办理业务时选择合适的结算方式（见表2-1）。支付结算方式不同，企业记账时间和账务处理也不同，具体的内容将在后面章节介绍。

表 2-1 支付结算方式

支付结算方式		适应区域	适用范围
票据	支票	同城、异地结算	单位、个人各种款项
	银行本票	同城结算	单位、个人各种款项
	银行汇票	异地结算	单位、个人各种款项
	商业汇票	同城、异地结算	开立银行账户的法人及其他组织之间具有真实的交易关系或债权债务关系
信用卡		同城、异地结算	主要用于消费性支付
汇兑		同城、异地结算	单位、个人各种款项
托收承付		异地结算	商品交易以及因商品交易而产生的劳务供应的款项并签有购销合同
委托收款		同城、异地结算	凭付款人债务证明办理的款项

注：1. 同城结算：是指在同一城镇或同一票据交换区域进行的结算。

2. 异地结算：是指在全国范围的不同城镇或票据交换区域进行的结算。

3. 根据中国人民银行的规定，随着全国支票影像交换系统的成功运行，自 2006 年 12 月 18 日起支票在北京、天津、上海、广东、河北等地区互通使用；自 2007 年 6 月 25 日起，支票在全国各地区通用。

任务三 银行存款的序时核算及清查

项目实施

出纳人员张旺每月末将企业银行存款日记账与从银行取回的银行对账单逐笔核对。如果记账差错，应如何处理？如果存在未达账项，又应该如何处理呢？

知识平台

一、银行存款日记账的设置

为了随时详细反映银行存款的存入、支出以及结存的情况，企业应按开户银行或其他金融机构、存款种类等分别设置"银行存款日记账"进行序时核算。有外币存款的企业，应分别为人民币和各种外币设置"银行存款日记账"进行明细核算。

手工记账单位的银行存款日记账必须采用订本式账簿，一般使用设有"借方（或收入）"、"贷方（或支出）"、"余额（或结余）"三栏式账页，银行存款日记账的设置与现金记账基本相同，不同之处是要增设"结算凭证"栏，登记所采用的结算方式类型以及凭证编号，以便与银行对账单核对。

为了清楚地表明账户之间的对应关系，了解银行存款的增减变化，银行存款日记账还可以采用多栏式账页，如在"借方"、"贷方"栏下，按对应会计科目设立专栏。

实行会计电算化的单位，在初始化时必须设定登记日记账，以便对结算方式的相关内容进行登记。

二、银行存款日记账的登记方式

银行存款日记账的登记工作由出纳人员负责。记账方式与现金日记账相同。登记银行存款日记账时，出纳人员应根据已审核无误的涉及银行存款的收款凭证、付款凭证，逐项填写"日期"、"凭证编号"、"摘要"、"金额"各栏，不同之处是要根据办理结算的回单或收账通知等填写"结算凭证"的类别和凭证编号。在实际工作中，有些企业是由非出纳的会计人员编制记账凭证的，出纳人员是直接根据手续完备经审核无误的原始凭证登记日记账的，因此，出纳人员对原始凭证的审核工作尤显重要。

银行存款日记账要按照经济业务的发生顺序逐日逐笔登记，应逐日结出余额。银行存款日记账应定期与银行存款总账、银行对账单进行核对，以检验银行存款日记账的记录是否正确，银行存款日记账与银行对账单至少每月核对一次，月终两者余额之间如有差额，必须逐笔查明原因进行处理，并按月编制"银行存款余额调节表"进行调节使其相符。

实行会计电算化的单位，根据初始化时所作的设置，出纳员逐笔登记经济业务时必须填入结算方式、结算日期、结算号码等资料，便于日后进行银行存款清查。

三、银行存款的清查

银行存款的清查办法，主要是指企业银行存款日记账定期与银行对账单核对（至少每月核对一次）。核对时，将企业银行存款日记账与银行对账单逐笔核对，双方余额如果不一致，其原因可能是记账错误，也可能是存在未达账项。

四、未达账项

所谓未达账项，是指在开户行和企业之间，对于同一经济业务由于凭证传递的时间和记账时间不同，发生一方已经入账而另一方尚未入账的会计事项。未达账项有如下四种情况。

1. 企业已收款入账而银行收到凭证未登记入账。如企业销售产品，收到对方开出的支票，但尚未送交银行（银行未记账）。简称"企业已收，银行未收"。

2. 企业已付款并登记入账而银行未收到凭证未登记入账。如企业购买物品，开出支票，但相关的凭证尚未传送至企业开户行（银行未记账）。简称"企业已付，银行未付"。

3. 银行已收款入账而企业未收到凭证未登记入账。如银行代企业收取了一笔货款（银行已记账），但尚未发出收款凭证给企业（企业未记账）。简称"银行已收，企业未收"。

4. 银行已付款入账而企业未收到凭证未登记入账。如银行代扣企业水电费利息，但账单尚未到达企业（企业未记账）。简称"银行已付，企业未付"。

如果记账差错，应立即更正；如果存在未达账项，应按月编制"银行存款余额调节表"。

（1）企业逐笔核对日记账和对账单记录后，如发现未达账项，需编制"银行存款余额调节表"调节双方余额，方法是对对方未登记的款项进行补充登记。经调整后，双方余额如果相等，则基本可确认双方记账相符；否则，需查明不符的原因并予以更正。

（2）"银行存款余额调节表"只起对账作用，不能作为调节账面余额的凭证。对于银行已登记入账而企业未登记的未达账项，企业必须在银行转来正式的结算凭证之后才能进行账务处理。

任务在线

2012 年 5 月 31 日，张旺将银行存款日记账与银行对账单之间进行对账。

【操作流程】

第一步：5 月 31 日，张旺从银行取回银行对账单（如图 2 - 2 所示）。

户名 Name　　湘华餐饮有限责任公司

账号 A/C No. 3332227778　　币种：人民币　　科目号：　　单元：元

日期	摘要	凭证号	借方发生额	贷方发生额	余额	附言
	承上月结余				1200000.00	
	……				……	
20120525	现金支出	234	20000.00		1180000.00	
20120525	现金支出	356	2736.00		1177264.00	
20120527	现金收入	479		80000.00	1257264.00	
20120528	现金支出	886	200000.00		1057264.00	
20120528	现金收入	890		150000.00	1207264.00	
20120531	现金支出	995	50000.00		1157264.00	
	本月合计		470686.00	427950.00	1157264.00	

此对账单有差错请于 10 日内通知开户行，若无通知则视为核对无误

联系电话：tel　传真：tax

开户行：bank　荷塘支行

图 2 - 2　中国银行对账单

第二步：张旺取出银行存款日记账（如图 2 - 3 所示）。

银行存款日记账

2012年		凭证号数	对方科目	摘　要	√	收入（借方）金额										付出（贷方）金额										结存金额									
月	日					千	百	十	万	千	百	十	元	角	分	千	百	十	万	千	百	十	元	角	分	千	百	十	万	千	百	十	元	角	分
5	1			期初余额																							1	2	0	0	0	0	0	0	0
				······																															
	25	记60	库存现金	提现														2	0	0	0	0	0	0	0		1	1	8	0	0	0	0	0	0
	25	记61	其他应收款	预支差旅费															2	7	3	6	0	0		1	1	7	7	2	6	4	0	0
	27	记65	应收账款	支付账款														3	0	0	0	0	0	0	0		1	1	4	7	2	6	4	0	0
	28	记71	库存商品	购货														2	0	0	0	0	0	0	0			9	4	7	2	6	4	0	0
	29	记74	应收账款	货款			1	5	0	0	0	0	0	0												1	0	9	7	2	6	4	0	0
	31	记84	应收现金	现金缴存				2	0	0	0	0	0	0												1	1	1	7	2	6	4	0	0
	31			本月合计			3	6	7	9	5	0	0	0			4	5	0	6	8	6	0	0		1	1	1	7	2	6	4	0	0

图 2-3　银行存款日记账

第三步：张旺进行核对，经核对后发现，存在四笔未达账项：

（1）5 月 27 日，企业支付了货款 30000 元，银行尚未登记入账；

（2）5 月 27 日，银行代企业收到货款 80000 元，已登记入账，但企业尚未入账；

（3）5 月 31 日，企业缴存现金 20000 元，银行尚未入账；

（4）5 月 31 日，银行代企业转账支付 50000 元，已登记入账，但企业尚未入账。

第四步：根据核对结果，编制"银行存款余额调节表"，如表 2-2 所示。

表 2-2　　　　　　　　　　银行存款余额调节表

单位名称：湘华餐饮有限责任公司　2012 年 5 月 31 日　　　　账号：3332227778

项目	金额（元）	项目	金额（元）
企业银行存款日记账余额	1117264	银行对账单余额	1157264
加：银行已收，企业未收	80000	加：企业已收，银行未收	20000
减：银行已付，企业未付	50000	减：企业已付，银行未付	30000
调节后存款余额	1147264	调节后存款余额	1147264

调节后的存款余额是企业的银行存款实有数，但此时的银行存款实有数并不是企业单位可实际动用的数额，出纳员应核准账户余额才能办理有关银行结算，以避免开出空头支票等不必要的麻烦。

编制"银行存款余额调节表"只是为了核对账目，并不能以此作为调整银行存款账面余额的原始凭证。对于银行已经入账而企业单位尚未入账的各项未达账项，必须在收到相关结算凭证后再进行账务处理。

练一练

一、单项选择题

1. 企业职工的工资、奖金可通过（   ）办理。

A. 基本存款账户　　　　　　　　　　B. 一般存款账户

C. 临时存款账户　　　　　　　　　　D. 专用存款账户

2. 下列结算方式中，只适应于同城结算的是（   ）。

A. 支票　　　　　　　　　　　　　　B. 银行汇票

C. 商业汇票　　　　　　　　　　　　D. 银行本票

3. 银行存款日记账应（   ）登记。

A. 序时逐笔　　　　　　　　　　　　B. 序时汇总

C. 序时逐笔或序时汇总　　　　　　　D. 逐笔

4. 单位的基本存款账户（   ）。

A. 只能在所在地任选一家银行开立一个账户

B. 只能在所在地指定一家银行开立一个账户

C. 可以在国内任选银行开立一个或多个账户

D. 可以在国内指定银行开立一个或多个账户

5. 企业办理借款转存、归还的业务应通过（   ）办理。

A. 基本存款账户

B. 一般存款账户

C. 临时存款账户

D. 专用存款账户

二、多项选择题

1. 银行存款日记账的账页格式有（   ）。

A. 三栏式　　　　　　　　　　　　　B. 多栏式

C. 数量金额式　　　　　　　　　　　D. 横线登记式

2. 下列交易或事项中，可能导致企业银行存款日记账账面余额与银行记录的企业存款余额在同一日期不一致的有（   ）。

A. 银行收到企业托收的款项

B. 银行代企业支付公用事业费用

C. 企业开出转账支票，持票人尚未到银行办理转账手续

D. 企业将所收到的其他单位开出的支票存入银行

3. 异地结算可采用的结算方式有（   ）。

A. 支票　　　　　　　　　　　　　　B. 银行本票

C. 委托收款　　　　　　　　　　　　D. 托收承付

4. 企业可以在银行开立的存款账户有（　　）。

A. 基本存款账户　　　　　　　　　B. 一般存款账户

C. 临时存款账户　　　　　　　　　D. 专用存款账户

三、实务题

湘华餐饮有限责任公司 2013 年 5 月 31 日银行存款日记账余额为 236400 元，银行对账单所列存款余额为 245800 元，经核对发现有以下几笔未达账项：

（1）5 月 28 日银行代收销货款 5000 元已入账，企业尚未收到银行的收款通知。

（2）5 月 29 日企业开出支票 14000 元，持票人尚未到银行办理转账。

（3）5 月 29 日银行代付电话费 1200 元，企业尚未接到银行的付款通知。

（4）5 月 31 日企业将支票 8400 元送存银行，银行尚未入账。

要求：根据以上的未达账项，编制"银行存款余额调节表"。

银行存款余额调节表

年　月　日

项目	金额（元）	项目	金额（元）
企业银行存款日记账余额		银行对账单余额	
调节后存款余额		调节后存款余额	

四、实践题

1. 到银行网点了解单位结算账户办理年检的内容。

2. 了解企业存款有哪些品种？

3. 通过采访银行工作人员或企业财务人员的方式，了解企业获得银行对账单的途径，观察不同银行的对账单是否有异，认识银行记录与企业记录的区别。

项目三　国内票据结算业务

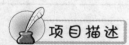

学习目标

1. 熟练掌握并运用各种国内结算制度。

2. 了解票据的概念、种类。

3. 掌握银行汇票等各类票据的概念、使用范围、记载事项、提示付款期限及办理和使用要求；能正确填制各种常用的银行票据。

4. 熟悉企业各项经济业务，熟悉银行各种票据办理流程，能熟练办理银行各种票据结算。

项目任务

支付结算是出纳工作的重心，首先要求熟记关于票据结算的财经法规制度；然后要熟悉各类票据办理流程和使用要求，锻炼辨票能力，培养一定的业务分析能力，能独立进行收付款凭证的处理和日记账的填制。

项目描述

支付结算是单位、个人在社会经济活动中使用票据、信用卡和汇兑、托收承付、委托收款等结算方式进行货币给付及资金清算的行为。企业除了《现金管理条例》规定的情况可以使用现金外，都必须采用银行支付结算方式，故出纳必须掌握国家关于支付结算的法律制度，熟知各种票据办理的流程和填写方法，能根据审核无误的原始凭证编制收付款记账凭证，并据以登记现金和银行存款日记账。目前的结算办法主要有银行汇票、商业汇票、银行本票、支票、汇兑、委托收款和异地托收承付（1989 年 8 月 1 日停办，1990 年 4 月 1 日恢复）以及信用卡等方式。

项目分析

国内票据结算业务是企业日常业务中很重要的一项业务，要求出纳人员认真细致、讲原则、有责任心。该项目主要由六个任务组成：

1. 国内票据结算制度，主要是明确国内结算的相关规定与规章制度，熟悉业务流程和操作规范。

2. 票据结算业务的核算方法。

3. 支票的相关规定，业务流程和业务处理。包括现金支票、转账支票和普通支票。

4. 银行本票的相关规定，**业务办理流程和业务处理。**

5. 银行汇票的相关规定，**业务办理流程和业务处理。**

6. 商业汇票的相关规定，**业务办理流程和业务处理。**

 知识平台

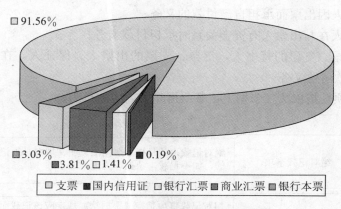

□ 91.56%

3.03%   0.19%
3.81% □ 1.41%

□ 支票 ■ 国内信用证 □ 银行汇票 ■ 商业汇票 ■ 银行本票

图 3-1   2010 年全国票据业务金额占比

一、票据概述

票据是由出票人签发，出票人自己承诺或委托付款人在见票时或按指定日期对收款人无条件支付一定金额的有价凭证。我国在 1995 年颁布的《中华人民共和国票据法》中规定，票据包括汇票、本票和支票。

票据及其法律关系：广义上的票据包括各种有价证券和凭证，如股票、国库券、企业债券、发票、提单等。狭义的票据仅指《票据法》上规定的票据。

票据的主要特征：

1. 票据以支付一定金额为目的；

2. 票据是出票人依法签发的有价证券；

3. 票据所表示的权利与票据不可分离；

4. 票据所记载的金额由出票人自行支付或委托他人支付；

5. 票据的持票人只要向付款人提示付款，付款人即无条件向持票人或收款人支付票据金额；

6. 票据是一种可转让证券。

票据当事人：基本当事人——出票人、付款人、收款人

非基本当事人——承兑人、背书人、被背书人、保证人

二、票据权利与责任

票据权利是指票据持票人向票据债务人请求支付票据金额的权利，包括付款请求权和追索权。票据责任是指票据债务人向持票人支付票据金额的责任。

在实务中，票据债务人承担票据义务一般有 4 种情况：

1. 汇票承兑人因承兑而应承担付款义务；

2. 本票出票人因出票而承担自己付款的义务；

3. 支票付款人在与出票人有资金关系时承担付款义务；

4. 汇票、本票、支票的背书人，汇票、支票的出票人、保证人，在票据不获承兑或不获付款时的付款清偿义务。

票据记载事项是指依法在票据上记载票据相关内容的行为。

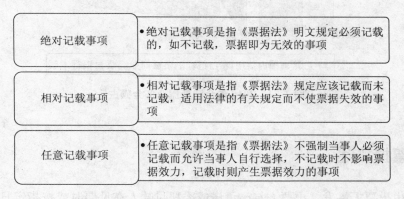

绝对记载事项	• 绝对记载事项是指《票据法》明文规定必须记载的，如不记载，票据即为无效的事项
相对记载事项	• 相对记载事项是指《票据法》规定应该记载而未记载，适用法律的有关规定而不使票据失效的事项
任意记载事项	• 任意记载事项是指《票据法》不强制当事人必须记载而允许当事人自行选择，不记载时不影响票据效力，记载时则产生票据效力的事项

图 3-2 票据记载事项

挂失止付是指失票人将丧失票据的情况通知付款人或代理付款人，有接受通知的付款人或代理付款人审查后暂停支付的一种方式。

任务一 支付结算基础知识

知识平台

一、支付结算的概念

支付结算是国民经济各部门、各单位之间因商品交易、劳务供应、资金调拨及其他款项往来等所发生的货币收付行为。分为现金结算和转账结算两种。

二、支付结算的种类

1. 按支付结算方式不同分为现金结算和转账结算。
2. 按使用的结算工具不同分为票据结算（三票）和非票据结算（"一证"、"一卡"、"三方式"）。
3. 按所涉及的范围不同分为国际结算和国内结算。

三、支付结算的基本原则

1. 恪守信用，履约付款。保障当事人经济利益，保证转账顺利进行的重要前提。
2. 谁的钱进谁的账，由谁支配原则。保护了存款人的合法权益，加强了银行办理结算的责任。
3. 银行不代垫款。划清了银行资金和存款人资金的界限。

任务二　票据结算业务核算

知识平台

一、票据结算业务的特点

票据结算业务是指银行对支付一定金额为目的可转让流通的有价证券，进行票面金额的资金结算。

二、票据结算业务种类

主要结算方式：银行汇票、支票、银行本票、商业汇票等。
其他结算方式：电汇、信汇、托收承付、委托银行收款等。

三、票据结算业务的功能

1. 人民币支票、银行本票用于同一票据交换区域内企业及个人间的资金清算。
2. 其他票据可用于境内的企业及个人间的人民币资金清算。

四、票据结算业务的作用

1. 支付手段。票据可代替现金在国内贸易中清偿全权债务，作为非现金结算的工具，起到支付手段的作用。

2. 流通手段。票据作为有价证券，可以经背书交付或仅凭交付自由转让给其他人，成为一种流通工具，起着流通手段作用，从而抵消或结清各种债务关系，既减少现金流通，又扩大了流通的范围。

3. 信用工具。银行可凭票据的信用作用从事票据买卖业务，从而起到融通资金扶持贸易发展的作用。

任务三　支票结算

项目实施

小明是某酒店的出纳，收到一张转账支票，却不知道怎么填写和进账，你认识支票吗？你能帮他填写和进账吗？

知识平台

一、支票的概念和种类

支票是出票人签发的，委托办理支票存款业务的银行在见票时无条件支付确定金额给收款人或者持票人的票据。现金支票只能取现，转账支票只能转账，普通支票，既可支现，又可转账。划线支票只能转账。

二、支票的基本规定

1. 适用范围
同一票据交换区。
2. 有关规定
（1）绝对记载事项："支票"；无条件支付的委托；确定的金额；付款人名称；出票日期；出票人签章。
（2）签发支票应该使用碳素墨水或墨汁填写。
（3）见票即付，提示付款期为 10 天。

（4）禁止签发空头支票。

（5）不得签发支付密码错误的支票。

（6）不得签发与其银行预留印鉴不符的支票。

（7）违反4、5、6项规定人民银行按票面金额的5%不低于1000元的罚款，持票人有权要求赔偿支票金额2%的赔偿金。

（8）现金支票仅限于收款人向付款人提示付款。

3. 其他

（1）签发支票：必须使用墨水或碳素墨水笔填写支票内容和签发日期，但大小写金额和收款人名称不得更改，其他内容更改时须由签发人在更改处加盖预留银行印鉴章，且账户须有足够的支付金额；

（2）支票取现：收款人须在支票背面背书；

（3）支票转账：委托收款的支票或经背书转让的支票须按规定背书；

（4）支票挂失：已签发的支票（必须已填写收款人名称）遗失，可以在付款期内向银行申请挂失，如挂失前已经支付，银行不予受理；

（5）支票的领用与注销：存款人领用支票须填写"支票领用单"，再加盖预留银行印鉴。账户结清时，须将全部剩余空白支票还回开户行注销。

特别提示：

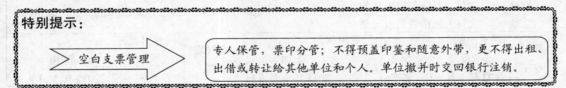

空白支票管理 ➡ 专人保管，票印分管；不得预盖印鉴和随意外带，更不得出租、出借或转让给其他单位和个人。单位撤并时交回银行注销。

三、转账支票的核算

持票人、出票人在同一银行开户。

银行受理持票人送交票据的处理：

借：物资采购等

　　贷：银行存款

四、现金支票的处理

借：库存现金

　　贷：银行存款

【想一想】 你如果在中国银行开设个人支票户，12月10日当你签出1万元支票时，账户款项不足，12月15日建设银行开户的持票人要求兑现支票时，你已经存入了足额的票款，这种情况算不算签发空头支票，银行应如何作出账务处理？

湘华餐饮管理有限公司签发转账支票一张，金额12000元，支付向阳毛纺厂货款。因单位存款账户只有8000元，银行按规定退票并处以罚款。

人民银行收取的罚款为：

$12000 \times 5\% = 600$ 元，低于 1000 元，故按 1000 元收取。

赔偿金：$12000 \times 2\% = 240$ 元

任务在线

签发转账支票。

【目标活动】

2011 年 5 月 6 日，采购部黄俊申请支付格力空调公司上月所欠采购货款 100000 元。

【业务流程】

填写付款申请单→送交审核→填制转账支票→签章→到银行申请支付款项→会计核算（填制记账凭证、登记日记账等）

【业务办理】

第一步：填写付款申请单，并送交审核，如图 3-3 所示。

付款申请单

申请日期：2011 年 5 月 6 日

部门	采购部		姓名		黄俊
用途	支付上月所欠格力货款				
金额	大写人民币壹拾万元整				￥100000.00
部门签字	同意用款。 黄俊　　财务 2011 年 5 月 6 日　签字		同意用款。 王明 2011 年 5 月 6 日	总经理签字	同意用款。 陈伟 2011 年 5 月 6 日

图 3-3　付款申请单

第二步：张红依据审核后的付款申请单填写转账支票，如图 3-4 所示。

中国交通银行
转账支票存根
10503420
00418780

附加信息
_____
_____

出票日期 2011 年 05 月 06 日

收款人：格力空调公司

金　额：￥100000.00

用　途：支付货款

单位主管　　　会计

交通银行　转账支票
10503420
00418780

出票日期（大写）贰零壹壹年伍月零陆日　　付款行名称：交行宿支

收款人：格力空调公司　　出票人账号：3209029200930000029202

本支票付款期限十天

人民币（大写）壹拾万元整

亿	千	百	十	万	千	百	十	元	角	分
		￥	1	0	0	0	0	0	0	0

用途支付货款　　密码_____

上列款项请从　　行号_____

我账户内支付

出票人签章　　复核　　记账

图 3-4　转账支票

第三步：签章，即加盖财务专用章、法人代表章或其委托人员的私章等银行预留印鉴，如图 3－5 所示。

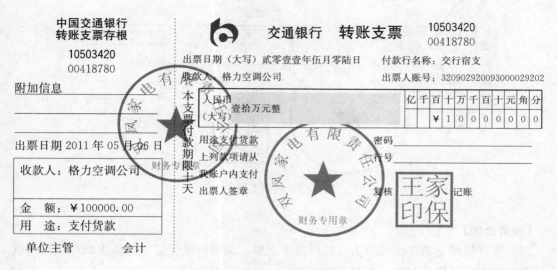

图 3－5　转账支票

第四步：剪下票头（票头作为填制记账凭证的附件即原始凭证），如图 3－6 所示。

图 3－6　票头

第五步：张红将转账支票（如图 3－7 所示）通过黄俊转交给格力公司。

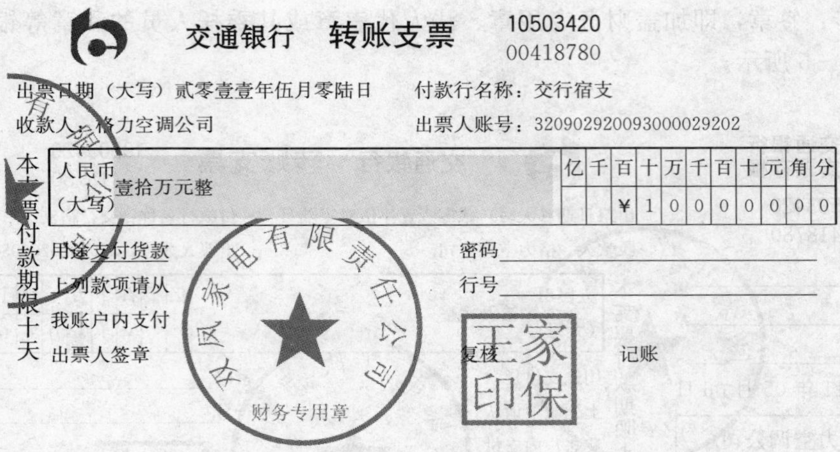

图 3 - 7 转账支票

【账务处理】

(1) 张红依据支票存根（票头）和付款申请单，编制记账凭证，并将支票存根和付款申请单粘贴在记账凭证背面，如图 3-8 所示。

记 账 凭 证

2011年05月06日   记字第04号

摘要	总账科目	明细科目	借方金额											贷方金额											附单据
			亿	千	百	十	万	千	百	十	元	角	分	亿	千	百	十	万	千	百	十	元	角	分	
支付货款	应付账款	格力空调公司				1	0	0	0	0	0	0	0												2 张
	银行存款																1	0	0	0	0	0	0	0	
合计					¥	1	0	0	0	0	0	0	0			¥	1	0	0	0	0	0	0	0	

财务主管　　　　　记账　　　　　出纳　　　　　审核　　　　　制单 张红

图 3 - 8 记账凭证

(2) 李丽审核记账凭证，并签章。

(3) 张红依据审核后的记账凭证，登记银行存款日记账（如图 3-9 所示）；李丽依据记账凭证登记"应付账款"明细账、总账和"银行存款"总账。

银行存款日记账

2011年		凭证号数	对方科目	摘　　要	√	收入（借方）金额									付出（贷方）金额									结存金额								
月	日					千	百	十	万	千	百	十	元	角	分	千	百	十	万	千	百	十	元	角	分	千	百	十	万	千	百	十	元	角	分
5	1			期初余额																							1	2	0	0	0	0	0	0
	4	记01	库存现金	提现备用															2	0	0	0	0	0		1	1	8	0	0	0	0	0
	6	记03	库存现金	缴存现金				1	2	0	0	0	0	0												1	1	9	2	0	0	0	0
	6	记04	应付账款	支付货款														1	0	0	0	0	0	0		1	0	9	2	0	0	0	0

图 3 - 9　银行存款日记账

任务四　银行本票核算

一、概念

银行本票是银行签发的，承诺自己在见票时无条件支付确定的金额给收款人或者持票人的票据。

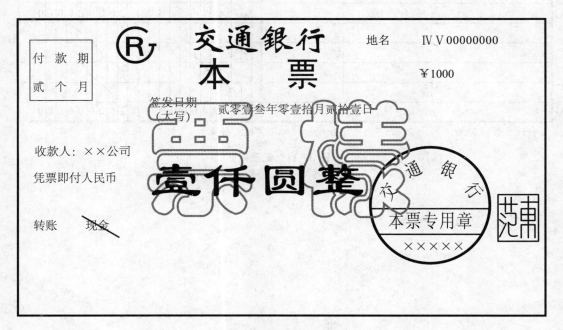

图 3 - 10　银行本票

二、服务对象

单位和个人在同一票据交换区域需要支取各种款项，均可以使用银行本票。

三、银行本票的特点

1. 无金额起点限制；
2. 结算快捷，见票即付。

四、业务处理

1. 签发行出票。
2. 付票时的处理：

　　借：物资采购等

　　　　贷：其他货币资金——银行本票

记 账 凭 证

2008年6月25日　　　　　　　　　　　　字第14号

摘　　要	科　目		借　方　金　额	贷　方　金　额	√
	总账科目	明细科目	亿千百十万千百十元角分	亿千百十万千百十元角分	
开立本票存款	其他货币资金	本票存款	2 0 0 0 0 0 0 0 0		附件1张
	银行存款	工行		2 0 0 0 0 0 0 0 0	
合　　　　　　计			￥2 0 0 0 0 0 0 0 0	￥2 0 0 0 0 0 0 0 0	

会计主管：孙立　　记账：　　　　出纳：　　　　复核：孙立　　制单：张琴

图 3－11　记账凭证

任务五 银行汇票核算

知识平台

一、汇票的概念和种类

汇票是出票人签发的，委托付款人在见票时或者在指定日期无条件支付确定的金额给收款人或者持票人的票据。按出票人的身份不同分为银行汇票和商业汇票。银行汇票的出票人是银行，为银行汇票的付款人。商业汇票的出票人是银行以外的商业单位。按承兑人不同分为银行承兑汇票和商业承兑汇票。

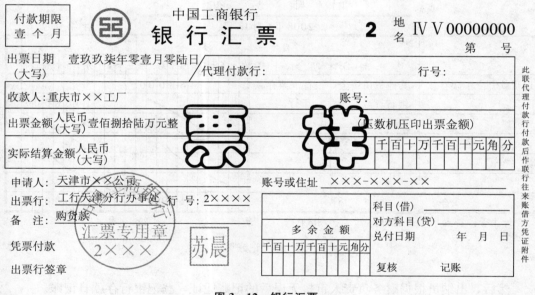

图 3－12 银行汇票

二、银行汇票的基本规定

1. 出票和付款限于有权签发银行汇票的银行机构办理。

2. 适用范围：异地单位和个人的结算款项。

3. 提示付款期自出票日起 1 个月。

4. 既可支现，又可转账。

5. 一律记名，允许背书转让，现金银行汇票不得背书转让。

6. 应在出票金额以内，根据实际需要的款项办理结算。

7. 超期或其他原因可要求出票行退款。

8. 在银行开立存款账户的持票人向开户银行提示附款。未在银行开立存款账户的持票人，可以向任何一家银行机构提示附款。

9. 银行汇票的实际结算金额低于出票金额的，其多余金额由出票银行退交申请人。

10. 银行汇票丧失，失票人可以凭人民法院出具的其享有票据权利的证明，向出票银行请求付款或退款。

11. 可签发现金银行汇票（仅限个人使用）；现金银行汇票可以挂失。

12. 见票即付，在票据的有效期内可以办理退票。

三、银行汇票的核算

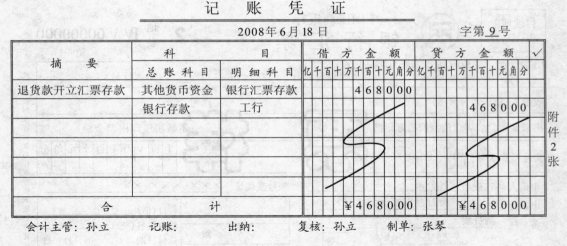

记 账 凭 证

2008年6月18日 　　　　　字第 9 号

摘　要	科　目		借方金额	贷方金额	✓
	总账科目	明细科目	亿千百十万千百十元角分	亿千百十万千百十元角分	
退货款开立汇票存款	其他货币资金	银行汇票存款	468000		附件2张
	银行存款	工行		468000	
合　　　　计			¥468000	¥468000	

会计主管：孙立　　记账：　　　出纳：　　　复核：孙立　　制单：张琴

图3－13　记账凭证

然后，出纳员根据财务负责人审核无误后的记账凭证，登记银行存款日记账。

必须记载事项：

1. 表明"银行汇票"的字样；

2. 无条件支付的承诺；

3. 出票金额；

4. 付款人名称；

5. 收款人名称；

6. 出票日期；

7. 出票人签章。

温馨提示

银行本票和银行汇票的区别

1. 本票是其签发者的付款承诺。

2. 汇票是其签发者的支付命令。

3. 汇票是出票人要求他人付款的委托或指示。因此，汇票有三个当事人，即出票人、付款人与收款人。

4. 本票只有两个当事人，即出票人（同时也是付款人）与收款人。

5. 本票同城使用。

6. 汇票异地使用。

任务六　商业汇票核算

知识平台

一、商业汇票的定义

商业汇票是出票人签发的，委托付款人在指定日期无条件支付确定的给收款人或者持票人的票据。商业汇票的出票人是在银行开立存款账户的法人。在银行开立存款账户的法人以及其他机构之间，必须具有真实的交易关系或债权债务关系，才能使用商业汇票。商业汇票在同城和异地均可使用，付款人为汇票承兑人。

二、商业汇票的种类

根据承兑人的不同，商业汇票可分为商业承兑汇票和银行承兑汇票，前者由银行以外的付款人承兑，后者由银行承兑。商业承兑汇票可以由付款人签发并承兑，也可以由收款人签发交由付款人承兑。付款人应当在汇票正面记载"承兑"字样和承兑日期并签章。付款人对汇票进行承兑后，交收款人收执。持票人应在提示付款期限内通过开户银行委托收款，如承兑人（付款人）在异地开户，持票人可匡算邮程，提前通过开户银行委托收款。付款人开户银行收到持票人开户行交来的商业承兑汇票和委托收款凭证后，应及时通知付款人。付款人收到付款通知后，应在当日通知银行付款，如未通知银行付款，视同付款人承诺付款。银行在办理划款时，如果付款人存款账户的余额不足支付，应填制付款人未付票款通知书，连同商业承兑汇票邮寄持票人开户行，由其转交持票人。

商业承兑汇票　2　　××00000000

汇票日期　壹玖玖柒年零陆月零捌日
（大写）
　　　　　　　　　　　　　　　　　　　　　第　　号

付款人	全　称	北京市××公司		收款人	全　称	天津市××公司		
	账　号	×××-×××-××			账　号	×××-×××-××		
	开户行	中行北京市××办事处 行号××××			开户行	农行天津市××办事处	行号	3××××

出票金额	人民币（大写）	伍拾万元整	千	百	十	万	千	百	十	元	角	分
				¥	5	0	0	0	0	0	0	0

汇票到期日	壹玖玖柒年零捌月零捌日	交易合同号码	××××

本汇票已经承兑到期日无条件付款

承兑人签章

承兑日期1997年 6月 10日

本汇票已经承兑于到期日付款

出票人签章

图 3-14　商业汇票

三、基本规定

1. 签发商业汇票必须具有真实的交易关系和债权债务关系。不得签发无对价的商业汇票。

2. 适用于同城和异地结算。

3. 一律记名，允许背书转让。

4. 付款期限由交易双方商定，最长不超过 6 个月。如属分期付款，应分别签发汇票。

5. 提示付款期限自汇票到期日起 10 天内。

6. 禁止出售、承兑、贴现空白银行承兑汇票。

7. 付款人应当在自收到提示承兑的汇票之日起 3 日内承兑或拒绝承兑。

8. 银行承兑汇票应按票面金额向出票人收取 0.5‰的手续费。出票人于汇票到期日未能足额交纳票款时，承兑银行对尚未支付的金额按照每天 0.5‰计收利息。

9. 符合条件的商业汇票的持票人，可持未到期的汇票向银行申请贴现。

商业承兑汇票和银行承兑汇票的特点比较：

(1) 商业承兑汇票：

①无金额起点的限制；

②付款人为承兑人；

③出票人可以是收款人，也可以是付款人；

④付款期限最长可达 6 个月；

⑤可以贴现；

⑥可以背书转让。

（2）银行承兑汇票的特点：

①无金额起点限制；

②第一付款人是银行；

③出票人必须在承兑（付款）银行开立存款账户；

④付款期限最长达 6 个月；

⑤可以贴现；

⑥可以背书转让。

四、客户申请和签发商业汇票时的手续

1. 签发商业承兑汇票：由收款人或付款人签发；

2. 签发银行承兑汇票：

①向银行出示收付款人双方签订的购销合同及"银行承兑汇票申请书"；

②银行按有关规定和程序审核出票人资格、购销合同、资信等，必要时出票人应提供担保；

③符合规定和承兑条件，银行与出票人签订承兑协议，即可承兑银行承兑汇票。

单据送交开户行，委托开户行收款。如果出票人与持票人均在同一银行开户，银行受理持票人解入的本行支票，在审查无误后，即可将款项划入收款人账户。如果出票人不在该行开户，持票人开户行应将支票通过票据交换系统提交支票付款行，付款银行在收到支票后，如经审查无误，即应办妥支付手续，持票人开户行在收妥款项后入账。持票人也可以直接向付款银行提示付款。出票人在付款行处的存款足以支付支票金额时，付款行应当在见票当日足额付款。

银行承兑汇票的出票人或持票人向银行申请承兑时，银行对出票人的资格、资信、购销合同和汇票记载的内容进行审查，必要时可由出票人提供担保。经银行审查合格后，出票人与银行签订承兑协议。出票人应于汇票到期前将票款足额交存其开户银行，以备兑付。承兑银行应在汇票到期日或到期日后的见票当日支付票款。出票人于汇票到期日未能交足票款时，承兑银行须为其垫款，同时将出票人尚未支付的汇票金额作逾期贷款处理，并计收利息。

【小资料】

银行承兑汇票与银行汇票

银行承兑汇票是由银行承兑，由在承兑银行开立存款账户的存款人签发，承兑银行按票面金额向出票人收取万分之五的手续费。

银行汇票是汇款人将款项交存当地出票银行，由出票银行签发的，由其在见票时按照实际结算金额无条件支付给收款人或持票人的票据。银行汇票有使用灵活、票随人到、兑现性强等特点，适用于先收款后发货或钱货两清的商品交易。单位和个人各种款项结算，均可使用银行汇票。

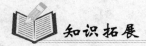

知识拓展

案例

A伪造一张100万元的银行承兑汇票，该汇票以B公司为收款人，以乙银行为付款人，汇票的"交易合同号码"栏未填。A将这张伪造的银行承兑汇票向B换取了78万元，B持这张伪造的汇票到甲银行申请贴现，甲银行未审查出汇票的真假，予以贴现95万元，B公司由此获得收入17万元。甲银行通过联行往来向乙银行提示承兑。乙银行从未办理过银行承兑业务，在收到汇票后，立即向公安局报案。后查明该汇票系伪造的汇票。因此乙银行将汇票退给甲银行，拒绝承兑。

评析

1. 这张汇票是非法的、无效的。我国《票据法》第十四条规定："票据上的记载事项应当真实，不得伪造、变造。伪造、变造票据上的签章和其他记载事项的，应当承担法律责任。"在本案中，A伪造汇票的收款人、付款人，违反了国家法律的规定，因此，该汇票是非法的、无效的，乙银行有权拒绝承兑。A的行为是犯罪行为，应当依法追究其刑事责任。

2. 甲银行可向B公司行使追索权。我国《票据法》第六十一条规定：汇票被拒绝承兑的，持票人可以对背书人、出票人以及汇票的其他债务人行使追索权。另外，该法第三十七条还规定："背书人以背书转让汇票后，即承担保证其后手所持汇票承兑和付款的责任。背书人在汇票得不到承兑或者付款时，应当向持票人清偿本法第七十条、第七十一条规定的金额和费用。"

这些金额和费用包括：①被拒绝付款的汇票金额；②汇票金额自到期日或者提示付款日起至清偿日止，按照中国人民银行规定的利率计算的利息；③取得有关拒绝证明和发生通知书的费用。在本案中，B公司持汇票到甲银行申请贴现的行为是一种将汇票背书转让给甲银行的行为，甲银行是被背书人，B公司是背书人。由于汇票是非法的、无效的，乙银行拒绝承兑。因此，甲银行作为持票人有权向背书人B公司行使追索权。

3. B公司的损失应由其向伪造票据者A追索，乙银行不承担任何责任。我国《票据法》第十条第一款规定："票据的签发、取得和转让，应当遵循诚实信用的原则，具有真实的交易关系和债权债务关系。"在本案中，B公司明知该汇票无真实的交易关系和债权债务关系，不经审查收受伪造的商业汇票，进行非法融资交易，获得非法收益，它接受伪造汇票而造成的经济损失，应由其向诈骗者A追索，乙银行不承担任何责任。

练一练

一、单项选择题

1. 下列属于签发支票必须记载事项的是（　　　　）。

A. 确定的金额 　　　　　　　　　　B. 付款人名称

C. 收款人名称   D. 出票日期

2. 支票的 （   ），可由出票人授权补记，未补记前不得背书转让和提示付款。

A. 金额   B. 付款人名称

C. 收款人名称   D. 出票日期

3. 银行汇票是出票银行签发的，由其在见票时按照（   ）无条件支付给收款人或者持票人的票据。

A. 出票金额   B. 合同交易金额

C. 实际结算金额   D. 多余金额

4. 下列表述中符合银行汇票规定的有 （   ）。

A. 单位和个人均可使用

B. 在异地、同城或统一票据交换区域的各种款项结算，均可使用银行汇票

C. 银行汇票可以用于转账

D. 填明"现金"字样的银行汇票也可以用于支取现金

5. 银行汇票的提示付款期限自出票日起（   ）。

A. 10 日   B. 1 个月

C. 2 个月   D. 6 个月

二、多项选择题

1. 在我国，票据包括 （   ）。

A. 银行汇票   B. 商业汇票

C. 银行本票   D. 支票

2. 支票分为 （   ）。

A. 现金支票   B. 转账支票

C. 普通支票   D. 特种支票

3. 下列表述中符合支票规定的有 （   ）。

A. 单位和个人均可使用支票

B. 在异地、同城或统一票据交换区域的各种款项结算，均可使用支票

C. 支票可以用于转账

D. 填明"现金"字样的支票也可以用于支取现金

4. 银行本票的定额本票面额有 （   ）元。

A. 1000   B. 5000   C. 10000   D. 50000

三、判断题

1. 支票的提示付款期限自到期日起 10 日内。（   ）

2. 支票的出票人不可以在支票上记载自己为收款人。（   ）

3. 我国银行本票分为不定额和定额银行本票两种。（   ）

4. 银行本票的提示付款期为一个月。（   ）

5. 银行本票的出票人，为经中国人民银行当地分支批准办理银行本票业务的银行和非银行金融机构。（   ）

四、实务题

株洲市湘华餐饮管理有限公司本月发生如下经济业务，请完成相应原始凭证、编制会计分录、填制记账凭证：

1. 株洲市湘华餐饮管理有限公司以转账支票支付电话费。

2. 收到如家纺织提交的他行开户的单位——三联房产公司签发的转账支票一份，金额 65000 元。

3. 签发支票提取备用金 5000 元。

4. 异地某行处寄来的商业承兑汇票本日到期，金额 6000 元，承兑人为开户单位纺织厂，经审核无误办理划款手续。

5. 收到异地某行处的邮划贷方报单及委托收款凭证，金额 11000 元，此款系开户单位机床厂的商业承兑汇票款，经审核无误，予以收账。

项目四 国内支付结算

学习目标

1. 能够熟练掌握并灵活运用国内支付结算各项规章制度。
2. 能够熟练掌握并灵活运用国内支付结算知识，解决企业的实际问题。
3. 能够熟练掌握并灵活运用汇兑知识，满足企业日常工作需要。
4. 能够熟练掌握并灵活运用委托收款、托收承付知识，满足企业日常工作需要。

项目任务

国内支付结算是单位、个人在社会经济活动中使用票据、银行卡、汇兑、托收承付、委托收款、信用证等结算方式进行货币给付及其资金清算的行为，是国民经济活动中资金清算的中介。在国内支付结算中，熟练掌握汇兑、委托收款、托收承付的知识，进行灵活的操作，解决企业资金使用中的实际问题，更好地为企业服务。

项目描述

在网络日益发展的今天，用各种支付结算的方式越来越频繁，支付结算是企业财务部门日常管理中的一项重要工作，作为财务人员，要熟悉支付结算的法律法规及财务制度，让银行更好地为企业服务。

项目分析

国内支付结算是企业会计部门日常业务中较为重要的一项业务，需要认真细致、责任心强，并和银行良好地配合。该项目主要由三个任务组成：

1. 汇兑，主要是熟悉业务流程和操作规范。
2. 委托收款，主要是委托银行向付款人收取款项，掌握好处理方式及流程。
3. 托收承付，主要是根据购销合同由收款人发货后委托银行向异地购货单位收取货款，购货单位根据合同对单或对证验货后，向银行承诺付款，掌握好处理方式及流程。

 **知识平台**

一、支付结算概述

支付结算是指单位、个人在社会经济活动中使用票据、银行卡、汇兑、托收承付、委托收款、信用证等结算方式进行货币给付及其资金清算的行为，是国民经济活动中资金清算的中介。

二、法律特征

支付结算作为一种法律行为，具有以下法律特征：

1. 支付结算必须通过中国人民银行批准的金融机构进行。

《支付结算办法》第六条规定："银行是支付结算和资金清算的中介结构。未经中国人民银行批准的非银行金融机构和其他单位不得作为中介机构经营支付结算业务。但法律、行政法规另有规定的除外。"

2. 支付结算是一种要式行为。

3. 支付结算的发生取决于委托人的意志。

4. 支付结算必须依法进行。

《支付结算办法》第五条规定："银行、城市信用合作社、农村信用合作社以及单位和个人（含个体工商户），办理支付结算必须遵守国家的法律、行政法规和本办法的各项规定，不得损害社会公共利益。"

三、基本原则

资金支付结算的基本原则是单位、个人和银行在进行支付结算活动时所必须遵循的行为准则。早在1988年12月由中国人民银行颁布的《银行结算办法》就根据社会经济发展的需要，在总结了中国改革开放以来结算工作经验的基础上，确立了以下的原则：

1. 恪守信用，履约付款原则；

2. 谁的钱进谁的账，由谁支配原则；

3. 银行不垫款原则。

任务一 汇兑结算方式及核算

项目实施

你见过电汇单和信汇单吗?

知识平台

一、汇兑概述

汇兑是汇款人委托银行将其款项支付给收款人的结算方式。单位和个人的各种款项的结算,均可使用汇兑结算方式。汇兑又称"汇兑结算",是指企业(汇款人)委托银行将其款项支付给收款人的结算方式。这种方式便于汇款人向异地的收款人主动付款,适用范围十分广泛。

二、分类

汇兑根据划转款项的不同方法以及传递方式的不同可以分为信汇和电汇两种,由汇款人自行选择。信汇是汇款人向银行提出申请,同时交存一定金额及手续费,汇出行将信汇委托书以邮寄方式寄给汇入行,授权汇入行向收款人解付一定金额的一种汇兑结算方式。

三、汇兑的特点

汇兑结算适用范围广,手续简便易行,灵活方便,因而是目前应用极为广泛的一种结算方式。

1. 汇兑结算,无论是信汇还是电汇,都没有金额起点的限制,不管款多款少都可使用。

2. 汇兑结算属于汇款人向异地主动付款的一种结算方式。它对于异地上下级单位之间的资金调剂、清理旧欠以及往来款项的结算等都十分方便。汇兑结算方式还广泛地用于先汇款后发货的交易结算方式。如果销货单位对购货单位的资信情况缺乏了解或者商品较为紧俏,可以让购货单位先汇款,等收到货款后再发货以免收不回货款。当然购货单位采用先汇款后发货的交易方式时,应详尽了解销货单位资信情况和供货能力,以免盲目地将款项汇出却收不到货物。如果对销货单位的资情情况和供货能力缺乏了解,可将款项汇到采购地，在采购地开立临时存款户，派人监督支付。

3. 汇兑结算方式除了适用于单位之间的款项划拨外，也可用于单位对异地的个人支付有关款项，如退休工资、医药费、各种劳务费、稿酬等，还可适用于个人对异地单位所支付的有关款项，如邮购商品、书刊等。

4. 汇兑结算手续简便易行，单位或个人很容易办理。

四、汇兑办理及注意事项

汇款办理汇款人委托银行办理汇兑，应向汇出银行填写信、电汇凭证，详细填明汇入地点、汇入银行名称、收款人名称、汇款金额、汇款用途（军工产品可以免填）等各项内容，并在信、电汇凭证第二联上加盖预留银行印鉴。

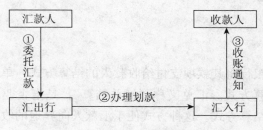

图 4-1　汇兑流程

需要注意的是：

1. 汇款单位需要派人到汇入银行领取汇款时，除在"收款人"栏写明取款人的姓名外，还应在"账号或住址"栏内注明"留行待取"字样。留行待取的汇款，需要指定具体收款人领取汇款的，应注明收款人的单位名称。

2. 个体经济户和个人需要在汇入银行支取现金的，应在信、电汇凭证上"汇款金额"大写栏先填写"现金"字样，接着再紧靠其后填写汇款金额大写。

3. 汇款人确定不得转汇的，应在"备注"栏内注明。

4. 汇款需要收款单位凭印鉴支取的，应在信汇凭证第四联上加盖收款单位预留银行印鉴。

采用信汇的，汇款单位出纳员应填制一式四联"信汇凭证"，"信汇凭证"第一联（回单），是汇出行受理信汇凭证后给汇款人的回单；第二联（支款凭证），是汇款人委托开户银行办理情汇时转账付款的支付凭证；第三联（收款凭证），是汇入行将款项收入收款人账户后的收款凭证；第四联（收账通知或取款收据），是在直接记入收款人账户后通知收款人的收款通知，或不直接记入收款人账户时收款人凭以领取款项的取款收据。

"电汇凭证"一式三联，第一联（回单），是汇出行给汇款人的回单；第二联（支款凭证），为汇出银行办理转账付款的支款凭证；第三联（发电依据），是汇出行向汇入行拍发电报的凭据。

汇出行受理汇款人的信、电汇凭证后，应按规定进行审查。审查的内容包括：信、电汇凭证填写的各项内容是否齐全、正确；汇款人账户内是否有足够支付的存款余额；汇款人盖的印章是否与预留银行印鉴相符等。审查无误后即可办理汇款手续，在第一联回单上加盖"转讫"章退给汇款单位，并按规定收取手续费；如果不符条件的，汇出银行不予办理汇出手续，作退票处理。

汇款单位根据银行退回的信、电汇凭证第一联，根据不同情况编制记账凭证。如果汇款单位用汇款清理旧欠，则应编制银行存款付款凭证，其会计分录为：

借：应付账款——××单位

　　贷：银行存款

如果汇款单位是为购买对方单位产品而预付货款，则应编制银行存款付款凭证，其会计分录为：

借：预付账款

　　贷：银行存款

如果汇款单位将款项汇往采购地，在采购地银行开立临时存款户，则应编制银行存款付款凭证，其会计分录为：

借：其他货币资金——外埠存款

　　贷：银行存款

例如：大圣公司为到某城市采购商品，委托银行以电汇方式向该城市某银行汇款86000元，设立临时采购专户。银行按规定收取手续费35元，从账户中扣收。财务部门根据银行盖章退回的汇款凭证第一联编制银行存款付款凭证，其会计分录为：

借：其他货币资金——外埠存款　　　86000

　　贷：银行存款　　　　　　　　　86000

同时按照银行收取的手续费，作银行存款付款凭证，其会计分录为：

借：财务费用　　　　　35

　　贷：银行存款　　　　　35

汇款领取按照规定，汇入银行对开立账户的收款单位的款项应直接转入收款单位的账户。采用信汇方式的，收款单位开户银行（即汇入银行）在信汇凭证第四联上加盖"转讫"章后交给收款单位，表示汇款已由开户银行代为进账。采用电汇方式的，收款单位开户银行根据汇出行发来的电报编制三联联行电报划收款补充报单，在第三联上加盖"转讫"章作收账通知交给收款单位，表明银行已代为进账。收款单位根据银行转来的信汇凭证第四联（信汇）或联行电报划收款补充报单（电汇）编制银行存款收款凭证，借记"银行存款"账户，贷记有关账户（依据汇款的性质而定）。如对方汇款是用来偿付旧欠，则收款单位收款凭证的会计分录为：

借：银行存款

　　贷：应收账款

如果属于对方单位为购买本单位产品而预付的货款，则收款凭证的会计分录为：

借：银行存款

　　贷：预收账款

待实际发货时，再根据有关原始凭证编制转账凭证，其会计分录为：

借：预收货款

　　贷：主营业务收入

如果款到即发货，也可直接编制收款凭证，其会计分录为：

借：银行存款

　　贷：产品销售收入（或商品销售收入等）

需要在汇入银行支取现金的，信汇（或电汇）凭证上"汇款金额"栏必须注明"现金"字样，可以由收款人填制一联支款单连同信汇凭证第四联（或联行申报划收款补充报单第三联），并携带有关身份证件到汇入银行取款。汇入银行审核有关证件后一次性办理现金支付手续。在汇款凭证上未填明"现金"字样，需要在汇入银行支取现金的单位，由汇入银行按照现金管理的规定支付。

任 务 在 线

付款业务： 湘华餐饮服务有限公司 2013 年 6 月 1 日从天津富贵食品公司购入食材一批，不含税价为 10000 元，采用电汇支付货款。（手续费略）

相关信息：

本公司：湘华餐饮管理有限公司

　　　　湖南省株洲市荷塘区湘华路 1 号　电话：0731 - 28888888

　　　　纳税人识别号：440106868268222

　　　　开户行及账号：工行株洲荷塘支行　3332227778

对方公司：天津富贵食品公司

　　　　　天津市解放路 10 号　电话：022 - 45998888

　　　　　纳税人识别号：550106868268333

　　　　　开户行及账号：建行天津解放路支行　5552226668

要求：1. 填列两张原始凭证，并模拟盖章

　　　2. 编制记账凭证

收款业务： 湘华餐饮服务有限公司于 2013 年 6 月 13 日收到恒发公司前欠餐饮服务费余款 30000 元，票据如下：

1200054140　　湖南增值税专用发票　　No　00845548

抵扣联　　开票日期：2010 年 01 月 05 日

国税函[2005]520号北京印钞厂

购货单位	名　称： 纳税人识别号： 地 址 、电 话： 开户行及账号：			密码区				
货物或应税劳务名称	规格型号	单位	数量	单价		金额	税率	税额
合计								
价税合计（大写）						¥		
销售单位	名　称： 纳税人识别号： 地 址 、电 话： 开户行及账号：			备注				

第一联：抵扣联　购货方扣税凭证

收款人：　　复核：　　开票人：宋欣　　销货单位：（章）

图 4－2　增值税专用发票

中国××银行信汇（电汇）凭证（回单）　1

委托日期　　年　　月　　日　　　　第　　号

收款人	全称				汇款人	全称			
	账号或住址					账号或住址			
	汇出地点	省	市县	汇入行名称		汇出地点	省	市县	汇入行名称
汇款金额	人民币（大写）					千 百 十 万 千 百 十 元 角 分			
汇款用途									
上列款项已根据委托办理，如需查询，请持此回单来行面谈。 单位主管　会计　复核　记账					汇出行盖章 年　月　日				

图 4－3　信汇凭证（回单）

中国工商银行　信汇凭证（收账通知）　　　　4

□普通　　□加急　　　　委托日期　　　年　　月　　日

汇款人	全称		收款人	全称	
	账号			账号	
	汇出地点	省　　　市/县		汇入地点	省　　　市/县

汇出行名称		汇入行名称	

金额	人民币（大写）		亿 千 百 十 万 千 百 十 元 角 分

	支付密码
	附加信息及用途：

汇出行签章　　　　　　　　　　复核　　　记账

此联汇出行给汇款人的回单

图 4-4　信汇凭证（收账通知）

对方公司：湖南株洲恒发公司
　　　　　株洲市黄河路 10 号　电话：0731-25998888
　　　　　纳税人识别号：550106868234567
　　　　　开户行及账号：建行黄河路支行　5552212345
要求：1. 填列原始凭证，并模拟盖章
　　　2. 编制记账凭证

任务二　委托收款结算方式及核算

项目实施

一般什么经济业务会采取委托收款结算方式呢？

知识平台

一、委托收款概念

委托收款，是指收款人委托银行向付款人收取款项的结算方式。委托收款分邮寄和电报划回两种，由收款人选用。前者是以邮寄方式由收款人开户银行向付款人开户银行转送委托收款凭证、提供收款依据的方式，后者则是以电报方式由收款人开户银行向付款人开户银行转送委托收款凭证，提供收款依据的方式。

邮寄划回和电报划回凭证均一式五联。第一联回单，由收款人开户行给收款人的回单；第二联收款凭证，由收款人开户行作收入传票；第三联支款凭证，由付款人开户行作付出传票；第四联收款通知（或发电依据），由收款人开户行在款项收妥后给收款人的收款通知（或付款人开户行凭以拍发电报）；第五联付款通知，由付款人开户行给付款人按期付款的通知。

二、委托收款分类以及适用范围

根据凭证传递方式不同，委托收款可分为委邮（邮寄）和委电（电报划回）两种，由收款人选用。委邮（邮寄）和委电（电报划回）均为一式五联。第一联为回单，由银行盖章后退给收款单位；第二联为收款凭证，收款单位开户银行作为收入传票；第三联为支款凭证，付款人开户银行作为付出传票；"委邮"第四联为收账通知，是收款单位开户银行在款项收妥后给收款人的收账通知，"委电"第四联为发电报的依据，付款单位开户银行凭此向收款单位开户银行拍发电报；第五联为付款通知，是付款人开户银行给付款单位按期付款的通知。

凡在银行或其他金融机构开立账户的单位和个体经济户的商品交易，公用事业单位向用户收取水电费、邮电费、煤气费、公房租金等劳务款项以及其他应收款项，无论是在同城还是异地，均可使用委托收款的结算方式。

三、委托收款的基本规定

1. 委托收款结算不受金额起点限制。

2. 委托。这是指收款人向银行提交委托收款凭证和有关债务证明并办理委托收款手续的行为。委托收款凭证即是如前所述的按规定填写凭证；有关债务证明即是指能够证明付款到期并应向收款人支付一定款项的证明。

3. 付款。这是指银行在接到寄来的委托收款凭证及债务证明，并经审查无误后向收款人办理付款的行为。根据《支付结算办法》的规定，银行可根据付款人的不同而在不同的时间付款，从而改变了原《银行结算办法》统一3天的付款期。具体而言：

（1）以银行为付款人的，银行应在当日将款项主动支付给收款人；

（2）以单位为付款人的，银行应及时通知付款人，按照有关办法规定，需要将有关债务证明交给付款人的应交给付款人，并签收。付款人应于接到通知的当日书面通知银行付款；如果付款人未在接到通知日的次日起3日内通知银行付款的，视同付款人同意付款，银行应于付款人接到通知日的次日起第4日上午开始营业时，将款项划给收款人。

4. 付款人拒绝付款。付款人审查有关债务证明后，对收款人委托收取的款项需要拒绝付款的，可以办理拒绝付款。付款人对收款人委托收取的款项需要全部拒绝付款的，应在付款期内填制"委托收款结算全部拒绝付款理由书"，并加盖银行预留印鉴章，连同有关单证送交开户银行，银行不负责审查拒付理由，将拒绝付款理由书和有关凭证及单证寄给收款人开户银行转交收款人。需要部分拒绝付款的，应在付款期内出具"委托收款结算部分拒绝付款理由书"，并加盖银行预留印鉴章，送交开户银行，银行办理部分划款，并将部分拒绝付款理由书寄给收款人开户银行转交收款人。

5. 无款支付的规定。付款人在付款期满日、银行营业终了前如无足够资金支付全部款项，即为无款支付。银行于次日上午开始营业时，通知付款人将有关单证（单证已作账务处理的，付款人可填制"应付款项证明书"），在两天内退回开户银行，银行将有关结算凭证连同单证或应付款项证明单退回收款人开户银行转交收款人。

6. 付款人逾期不退回单证的，开户银行应按照委托收款的金额自发出通知的第 3 天起，每天处以 0.5‰但不低于 50 元的罚金，并暂停付款人委托银行向外办理结算业务，直到退回单证时为止。

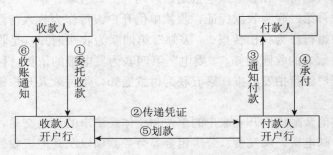

图 4-5　委托收款的办理流程

（一）委托收款

1. 收款人办理委托收款应填写邮划委托收款凭证或电划委托收款凭证并签章。将委托收款凭证和有关的债务证明一起提交收款人开户行。

2. 审查委托收款凭证和有关的债务证明是否符合有关规定。

3. 将委托收款凭证和有关的债务证明寄交付款人开户行办理委托收款。

（二）付款

1. 付款人应于接到通知的 3 日内书面通知银行付款。付款人未在规定期限内通知银行付款的，视同同意付款，银行应于付款人接到通知日的次日起第 4 日上午开始营业时，将款项划给收款人。

2. 银行在办理划款时，付款人存款账户不足支付的，应通过被委托银行向收款人发出未付款项通知书。按照有关办法规定，债务证明留存付款人开户银行的，应将其债务证明连同未付款项通知书邮寄被委托银行转交收款人。

（三）拒绝付款

1. 付款人审查有关债务证明后，对收款人委托收取的款项需要拒绝付款的，可以办理拒绝付款。

2. 以银行为付款人的，应自收到委托收款及债务证明的次日起3日内出具拒绝证明连同有关债务证明、凭证寄给被委托银行，转交收款人。

3. 以单位为付款人的，应在付款人接到通知日的次日起3日内出具拒绝证明，持有债务证明的，应将其送交付款人开户银行。银行将拒绝证明、债务证明和有关凭证一并寄给被委托银行（收款人开户银行），转交收款人。

任务在线－

收款业务： 湘华餐饮服务有限公司2013年6月2日销售自制并包装好的酥饼600千克给长沙汇佳超市，不含税单价为15元每千克，商品已发运，到银行办理委托收款手续。

湖南省增值税专用发票

发票联　　　　　　　　　　　　　　　　　　　开票日期：

购货单位	名　　　称： 纳税人识别号： 地 址、电话： 开户行及账号：			密码区					第一联 存根联 销货方留存备查
货物或应税劳务名称	规格型号	单位	数量	单价		金额	税率	税额	
合计									
价税合计（大写）				￥：					
销货单位	名　　　称： 纳税人识别号： 地 址、电话： 开户行及账号：					备注			

收款人：　　　　　　复核：　　　　　　开票人：　　　　　　销货单位：（章）

图4-6　增值税专用发票

托收凭证　（受理回单）　　　1

委托日期　　　年　月　日

业务类型		委托收款（□邮划、□电划）			托收承付（□邮划、□电划）										
付款人	全称			收款人	全称										
	账号				账号										
	地址	省　市县　开户行			地址	省　市县　开户行										
金额	人民币（大写）					亿	千	百	十	万	千	百	十	元	角	分
款项内容			托收凭据名　称			附寄单证张数									
商品发运情况			合同名称号码												
备注		款项收妥日期													
					收款人开户银行签章										
复核　记账		年　月　日				年　月　日									

此联作收款人开户银行给收款人的受理回单

图 4－7　托收凭证（受理回单）

　　对方公司：长沙汇佳超市

　　　　　　　长沙市蔡锷路 10 号　电话：0731－84599779

　　　　　　　纳税人识别号：430106868202153

　　　　　　　开户行及账号：建行蔡锷路支行　5512340987

　　要求：1. 填列原始凭证，并模拟盖章

　　　　　2. 编制记账凭证

任务在线二

　　付款业务：2013 年 6 月 18 日，湘华餐饮服务有限公司收到开户行转来的托收凭证（付款通知）及有关的债务证明，该款项是企业上个月采购所欠的余款 4800 元。

托收凭证　（贷方凭证）　　　2

委托日期　　　年　月　日

业务类型		委托收款（□邮划、□电划）				托收承付（□邮划、□电划）												
付款人	全称				收款人	全称											
	账号					账号											
	地址	省 市县	开户行			地址	省 市县	开户行									
金额	人民币（大写）						亿	千	百	十	万	千	百	十	元	角	分
款项内容			托收凭据名称				附寄单证张数										
商品发运情况				合同名称号码													
备注		上列款项随附有关债务证明，请予办理。															
收款人开户银行收到日期　　　年　月　日				收款人签章				复核　　记账									

此联收款人开户银行作贷方凭证

图 4－8　托收凭证

对方公司：新心农副产品加工厂
　　　　　岳阳市东鹏路 120 号　电话：0734－4599098
　　　　　纳税人识别号：430106868202153
　　　　　开户行及账号：建行东鹏路支行　2340987551
要求：1. 填列原始凭证，并模拟盖章
　　　2. 编制记账凭证

任务三　托收承付结算方式及核算

项目实施

一般什么经济业务会采取托收承付结算方式呢？

知识平台

一、托收承付概念

托收承付结算是指根据购销合同由收款人发货后委托银行向异地购货单位收取货款，购货单位根据合同对单或对证验货后，向银行承认付款的一种结算方式。

二、托收承付分类

托收承付亦称异地托收承付，是指根据购销合同由收款人发货后委托银行向异地付款人收取款项，由付款人向银行承认付款的结算方式。根据《支付结算办法》的规定，托收承付结算每笔的金额起点为 1 万元，新华书店系统每笔的金额起点为 1 千元。这一规定对原托收承付的金额起点 10 万元作了改变。结算款项划回可用邮寄或电报两种方式。

异地托收承付结算款项的划回方法，分邮寄和电报两种，由收款人选用。邮寄和电报两种结算凭证均为一式五联。第一联回单，是收款人开户行给收款人的回单；第二联委托凭证，是收款人委托开户行办理托收款项后的收款凭证；第三联支票凭证，是付款人向开户行支付货款的支款凭证；第四联收款通知，是收款人开户行在款项收妥后给收款人的收款通知；第五联承付（支款）通知，是付款人开户行通知付款人按期承付货款的承付（支款）通知。

三、托收承付适用范围及条件

《支付结算办法》规定，托收承付的适用范围是：①使用该结算方式的收款单位和付款单位，必须是国有企业或供销合作社以及经营较好，并经开户银行审查同意的城乡集体所有制工业企业；②办理结算的款项必须是商品交易以及因商品交易而产生的劳务供应款项。代销、寄销、赊销商品款项，不得办理托收承付结算。

《支付结算办法》规定，办理托收承付，除符合以上两个条件外，还必须具备以下三个前提条件：

（1）收付双方使用托收承付结算必须签有符合《经济合同法》的购销合同，并在合同中注明使用异地托收承付结算方式。

（2）收款人办理托收，必须具有商品确已发运的证件。

（3）收付双方办理托收承付结算，必须重合同、守信誉。根据《支付结算办法》规定，若收款人对同一付款人发货托收累计三次收不回货款的，收款人开户银行应暂停收款人向付款人办理托收；付款人累计三次提出无理拒付的，付款人开户银行应暂停其向外办理托收。

四、异地托收承付结算的程序

1. 收款人发出商品。

2. 收款人委托银行收款。

3. 收款人开户行将托收凭证传递给付款人开户行。

4. 付款人开户行通知付款人承付。

5. 付款人承认付款。

6. 银行间划拨款项。

7. 通知收款人货款收妥入账。

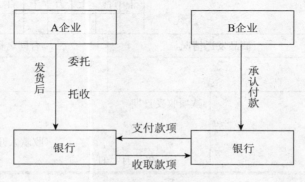

图 4-9　托收承付结算流程

五、托收承付结算条件及规定

（1）结算的款项必须是商品交易，以及因商品交易而产生的劳务供应的款项，代销、寄销、赊销商品的款项，不得办理托收承付结算；

（2）收付双方使用托收承付结算必须签有符合《合同法》的购销合同，并在合同上确定使用异地托收承付结算方式；

（3）收付双方办理托收承付结算，必须重合同、守信用；

（4）收款人办理托收，必须有商品确已发运的证件（包括铁路、航运、公路等运输部门签发的运单、运单副本和邮局包裹回执等）。

规定：

（1）异地托收承付结算只能在异地使用，不能在同城使用；

（2）异地托收承付结算每笔金额起点为 10000 元，新华书店系统每笔金额起点为 1000 元；

（3）大中型国营工业企业和商业一、二级批发企业办理异地托收承付，如果需要补充在途占用的结算资金，可以向银行申请结算贷款；

（4）付款单位开户银行对不足支付的托收款项可做逾期付款处理，但对拖欠单位按每日 0.05％计算逾期付款赔偿金。

任务在线

收款业务： 2013 年 7 月 2 日，广发公司召开客户答谢会，由湘华餐饮服务有限公司提供餐饮服务，总金额 35100 元，已支付定金 10000 元，服务已经提供完毕并办理托收。

邮	托收承付　结算凭证（回单）	1	第　号

委托日期　　年　　月　　日　　　　　　　　　　　　　　　　　托收号码：

收款单位	全称				付款单位	全称									此联是收款单位开户银行给收款单位的回单
	账号					账号或地址									
	开户银行		行号			开户银行									

托收金额	人民币（大写）			千	百	十	万	千	百	十	元	角	分	

附　件		商品发运情况		合同名称号码	
附寄单证张数或册数					

备注：	款项收妥日期	
		（收款人开户行盖章）
	年　月　日	年　月　日

单位主管　　　　　　会计　　　　　　复核　　　　　　记账

图 4-10　托收承付

对方公司：广发公司

　　　　　长沙市八一路财富中心 B 座 12 楼　电话：0731-84593456

　　　　　纳税人识别号：4301056795379

　　　　　开户行及账号：建行东鹏路支行　6468974351

要求：1. 填列原始凭证，并模拟盖章

　　　2. 编制记账凭证

付款业务： 2013 年 7 月 5 日，湘华餐饮服务有限公司从上海黄浦江啤酒厂购入手工制啤酒 5 吨，价税合计 8653.79 元。货暂时未收到，增值税专用发票和托收凭证已经收到，去银行办理付款手续。

3100103140　　上海增值税专用发票　　N o. 19622025

此联不作销、扣税凭证使用　　　　　　　　　　　　开票日期：

购货单位	名　　　称： 纳税人识别号： 地　址、电话： 开户行及账号：					密码区			
货物或应税劳务名称	规格型号	单位	数量	单价		金额		税率	税额
合计									
价税合计（大写）						￥			
销货单位	名　　　称： 纳税人识别号： 地　址、电话： 开户行及账号：					备注			

收款人：　　　　　复核：　　　　　开票人：　　　　　销货单位：（章）

第一联：记账联　销货方记账凭证

图 4－11　增值税专用发票

托收凭证　（付款通知）　　　　5

委托日期　　年　月　日　　　　付款期限　　年　月　日

业务类型		委托收款（□邮划、□电划）		托收承付（□邮划、□电划）		
付款人	全称		收款人	全称		
	账号			账号		
	地址	省　市县　开户行		地址	省　市县　开户行	
金额	人民币 （大写）			亿 千 百 十 万 千 百 十 元 角 分		
款项内容		托收凭据名　称		附寄单证张数		
商品发运情况			合同名称号码			
备注 付款人开户银行收到日期 　　　　年　月　日 　　复核　记账		付款人开户银行签章 　　　　　年　月　日		付款人注意： 1. 根据支付结算办法。上列委托收款（托收承付）款项在付款内未提出拒付，即视为同意付款。以此代付款通知。 2. 如需提出全部或部分拒付，应在规定期限内，将拒付理由书并附债务证明退交开户银行。		

此联付款人开户银行给付款人按期付款通知

图 4－12　托收凭证（受理回单）

对方公司：上海黄浦江啤酒厂

               上海市南京路 581 号　电话：021-884578901

               纳税人识别号：2101056789076

               开户行及账号：建行南京路支行 3421970543

要求：1. 填列原始凭证，并模拟盖章

         2. 编制记账凭证

练一练

一、单项选择题

1. 下列结算方式中，有金额起点限制的是（　　）。

A. 委托收款　　　　　　　　　　B. 托收承付

C. 商业汇票　　　　　　　　　　D. 汇兑

2. 下列票据丧失不可以挂失止付的是（　　）。

A. 现金支票

B. 转账支票

C. 已承兑的商业汇票

D. 填明现金字样的银行本票

3. 汇入银行对于向收款人发出取款通知，经过（　　）无法交付的汇款，可主动办理退汇。

A. 1 个月　　　　　　　　　　　B. 自签发日起 1 个月

C. 45 天　　　　　　　　　　　　D. 60 天

4. （　　）是指收款人委托银行向付款人收取款项的结算方式。

A. 汇兑　　　　　　　　　　　　B. 委托收款

C. 托收承付　　　　　　　　　　D. 支票结算

5. 托收承付是指根据（　　）由收款人发货后委托银行向异地付款人收取款项，由付款人向银行承认付款的结算方式。

A. 买卖合同　　　　　　　　　　B. 供需合同

C. 购销合同　　　　　　　　　　D. 委托合同

二、多项选择题

1. 票据的（　　）不得更改，更改的票据无效。

A. 金额　　　　　　　　　　　　B. 出票日期

C. 收款人名称　　　　　　　　　D. 印章

2. 下列哪些做法违反《银行结算办法》的规定。（　　）

A. 出租银行账号　　　　　　　　B. 出借银行账号

C. 签发空头支票和远期支票　　　D. 套取银行信用

3. 个体经济户和个人在进行款项结算时可以采用的方式有（　　）。

A. 汇兑 　　　　　　　　　　　　B. 银行本票

C. 托收承付 　　　　　　　　　　D. 委托收款

4. 关于汇兑结算，以下说法正确的有（　　）。

A. 汇兑可分为信汇和电汇两种

B. 汇兑人结算属于汇款人主动付款的方式

C. 未在银行开立存款账户的收款人，其转账汇兑款可转入信用卡账户

D. 汇款人和收款人均为个人，可以办理现金汇兑

三、判断题

1. 票据的结算凭证金额以文字大写和阿拉伯数字同时记载，两者应当一致；两者不一致时，以文字大写为准。（　　）

2. 已承兑的商业汇票、支票、填明"现金"字样和代理付款人的银行汇票以及填明"现金"字样的银行本票丧失，不能挂失止付。（　　）

3. 票据期限最后一日是法定休假日的，以法定休假日后的第一个工作日按月计算期限的，按到期月的对日计算；无对日的，月末日为到期日。（　　）

4. 汇兑结算不受金额起点的限制，不论汇款金额多少均可以办理信汇或电汇结算。（　　）

四、实践题

采用电汇方式到银行办理一笔款项的跨行转划，请保管好凭证，在下次上课的时候和大家分享你的这次经历。

项目五　银行借款业务

学习目标

1. 能够了解运用银行借款及种类。
2. 能够熟练掌握银行借款业务的账务处理。

项目任务

银行借款是企业根据其生产经营业务需要，为弥补其自有资金不足，在预期能够按时足额偿还的前提下，向银行及其他金融机构借入款项。通过本项目学习，能够了解运用银行借款及种类，能够熟练掌握银行借款业务的账务处理。

项目描述

银行借款是企业从事生产经营活动的资金的重要来源，出纳人员根据各银行的借款条件办理相关手续，确保本单位的借款能够及时取得，到期还本付息，同时完成相关的账务处理。

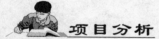
项目分析

银行借款业务是企业财务部门日常业务往来中极为重要的一项工作，银行借款业务需要财务人员严谨细致、责任心强。该项目主要由两个任务组成：

1. 了解银行借款及种类。现行银行借款按不同的划分标准，可以分为不同种类。
2. 能够熟练掌握银行借款业务的账务处理。企业从银行或其他金融机构借入款项时，应签订借款合同，注明借款金额、借款利率和还款时间等。取得短期借款时，应借记"银行存款"科目，贷记"短期借款"科目。"短期借款"科目应按债权人以及借款种类、还款时间设置明细账。

任务一 银行借款及种类

湘华餐饮管理有限公司急缺流动资金，想在一家银行办理借款业务，如果你是财务人员，你知道怎么做吗？

银行借款是企业从事生产经营活动的资金的重要来源，出纳人员根据各银行的借款条件办理相关手续，确保本单位的借款能够及时取得，到期还本付息，同时完成相关的账务处理。

一、银行借款及种类

银行借款是企业根据其生产经营业务需要，为弥补其自有资金不足，在预期能够按时足额偿还的前提下，向银行及其他金融机构借入款项。

现行银行借款按不同的划分标准，可以分为不同种类。

（一）按借款使用期限长短划分

按借款使用期限长短划分，可以分为长期借款、中期借款和短期借款。

1. 短期借款，是指借款期限在 1 年以内（含 1 年）的各种借款。短期借款偿还期限短，手续较为简便，但取得借款时附加信用条件较多，对企业短期偿还能力要求较高。

2. 中期借款，是指借款期限在 1 年以上（不含 1 年）5 年以下（含 5 年）的各种借款。

3. 长期借款，是指借款期限在 5 年以上（不含 5 年）的各种借款。长期借款在取得借款时手续较为复杂而且限制性条件较多，对企业长期偿还能力要求较高。

（二）按借款信用程度划分

按借款信用程度划分，可以分为信用借款、担保借款和票据贴现借款。

1. 信用借款，是指不需要保证人担保、不设定财产抵押，凭借款人的信誉作为担保而申请获得的借款。

2. 担保借款，是指借款人提供一定担保而申请获得的借款。包括保证借款、抵押借款和质押借款。

保证贷款，是指按《中华人民共和国担保法》规定的保证方式以第三人承诺在借款人不能偿还贷款时，按约定承担一般保证责任或者连带责任而获得的贷款。

抵押贷款，是指按《中华人民共和国担保法》规定的抵押方式以借款人或第三人的财产作为抵押物而获得的贷款。

质押贷款，是指按《中华人民共和国担保法》规定的质押方式以借款人或第三人的动产或权利作为质押物而获得的贷款。

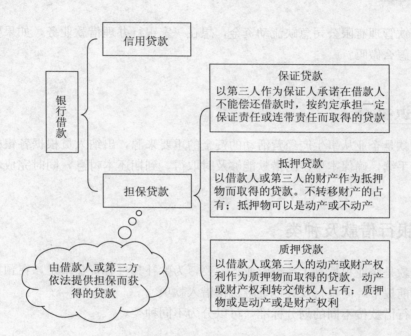

图 5 - 1　银行借款分类

3. 票据贴现借款，是指贷款人以购买借款人未到期的商业票据方式而获得的借款。

二、借款人向银行申办贷款应具备的条件

借款人应当是经工商行政管理机关（或主管机关）核准登记的企（事）业法人、其他经济组织、个体工商户或具有中华人民共和国国籍的具有完全民事行为能力的自然人。

借款人申请贷款，应当具备产品有市场、生产经营有效益、不挤占挪用信贷资金、恪守信用等基本条件，并且应当符合以下要求：

1. 有按期还本付息的能力，原应付贷款利息和到期贷款已清偿；没有清偿的，已经做了贷款人认可的偿还计划。

2. 除自然人和不需要经工商部门核准登记的事业法人外，应当经过工商部门办理年检手续。

3. 已开立基本账户或一般存款账户。

4. 除国务院规定外，有限责任公司和股份有限公司对外股本权益性投资累计额未超过其净资产总额的 50%。

5. 借款人的资产负债率符合贷款人的要求。

6. 申请中期、长期贷款的，新建项目的企业法人所有者权益与项目所需总投资的比例不低于国家规定的投资项目的资本金比例。

三、企业借款程序

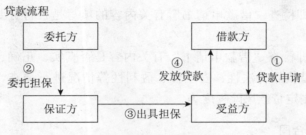

图 5-2　企业借款流程

（一）借款申请

借款人需要借款，应当向主办银行或者其他银行的经办机构直接提出借款申请，一般采用填写"借款申请书"的方式提出，并提供以下资料。

借款人需要借款，应当向主办银行或者其他银行的经办机构直接提出借款申请，一般采用填写"借款申请书"的方式提出，并提供以下资料。

1. 借款人及保证人基本情况；

2. 财政部门或会计（审计）事务所核准的上年度财务报告，以及申请借款前一期的财务报告；

3. 原有不合理占用的贷款的纠正情况；

图 5-3　贷款卡

4. 抵押物、质押物清单和有处分权人的同意抵押、质押的证明及保证人拟同意保证的有关证明文件；

5. 项目建议书和可行性报告；

6. 贷款人认为需要提供的其他有关资料。

（二）贷款方审查

贷款方受理借款人申请后，必须对借款人的申请进行审查，以确定是否给予贷款。

贷款审查的内容包括两个方面：

1. 形式审查，即检查"借款申请书"有关内容的填写是否符合要求，有关的备查资料是否具备齐全等。

2. 实体审查，即检查"借款申请书"有关内容是否真实、正确、合法。包括对借款人的信用等级以及借款的合法性、安全性、盈利性等情况进行调查，核实抵押物、质押物、保证人情况，制定贷款风险程度等。

（三）签订借款合同

所有借款应由贷款人与借款人签订借款合同。

所有借款应由贷款人与借款人签订借款合同。借款合同应当约定借款种类、借款用途、金额、利率、借款期限、还款方式、借贷双方的权利与义务、违约责任和双方认为需要约定的其他事项等。

借款人			贷款人	
借款人： （签章）			贷款人： 乐清市七里港农村信用合作社（签章）	
住所：				
法定代表人： （签章） （授权代理人）			法定代表人：黄志华 （签章） （授权代理人）	
开户信用社（银行）及账户：				
抵押人				
抵押人： （1）	（2）	（3）		（签章）
住所：				
法定代表人： （授权代理人）				
开户信用社（银行）及账号：				

图 5-4 借款合同

（四）签订借款借据

借款合同签订后，双方应签订借款借据。

借据是借款的书面凭证，可与借款合同同时签订，也可在合同规定的额度和有效时间内一次或分几次订立。双方订立借据后，信贷部门填写放款通知单，交银行会计部门办理放款手续，将贷款转入借款单位的存款账户。

四、企业与银行信贷交往中应注意的问题

企业在同银行的信贷关系中，是以借款者身份出现的。一般来说，借贷关系中的借贷双方，借方往往处于被动地位，能不能借到，借到多少，都将受制于贷方。那么，企业如何在与银行信贷交往中变被动为主动呢？总的来说，企业应注意以下几点：

1. 主动让银行了解企业经营状况；
2. 掌握银行的信贷政策和投向；
3. 努力提高资金运用效率，赢得银行赞赏；
4. 保证借款信誉。

任务二　银行借款业务的账务处理

知识平台

一、短期借款的账务处理

为了核算短期借款借入及偿还情况，企业应设置"短期借款"账户。短期借款的核算主要涉及三个方面：取得短期借款的处理；短期借款利息的利息；归还短期借款的处理。

（一）取得短期借款的处理

企业从银行或其他金融机构借入款项时，应签订借款合同，注明借款金额、借款利率和还款时间等。取得短期借款时，应借记"银行存款"科目，贷记"短期借款"科目。"短期借款"科目应按债权人以及借款种类、还款时间设置明细账。

任务在线

2013 年 4 月 29 日，株洲市湘华餐饮管理有限公司借入短期借款。

【操作流程】

第一步：出纳从银行取回进账单。

中国工商银行进账单（收款通知）

2013 年 04 月 29 日　　　　　　　　　　第 001 号

付款人	全称	湘华餐饮管理有限公司	收款人	全称	湘华餐饮管理有限公司
	账号	5886884356		账号	3332227778
	开户银行	中国工商银行荷塘支行		开户银行	中国工商银行荷塘支行

人民币（大写）	贰拾万元整	亿	千	百	十	万	千	百	十	元	角	分
					2	0	0	0	0	0	0	0

票据种类	转账支票♯0601006
票据张数	壹

中国工商银行荷塘支行

单位主管×××复核×××记账×××　　　　　　　　　收款人开户银行盖章

图 5-5　进账单

第二步：会计员审核原始凭证。

第三步：根据原始凭证做出记账凭证。

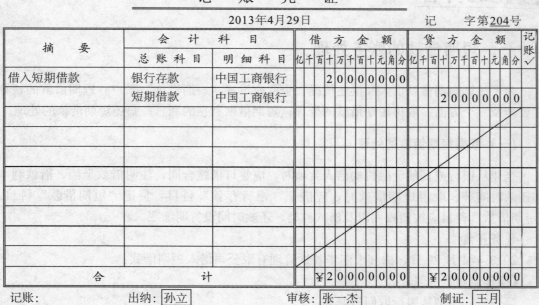

记　账　凭　证

2013年4月29日　　　　　　　　　记　字第204号

摘　要	会 计 科 目		借 方 金 额	贷 方 金 额	记账√
	总账科目	明细科目	亿千百十万千百十元角分	亿千百十万千百十元角分	
借入短期借款	银行存款	中国工商银行	2 0 0 0 0 0 0 0		
	短期借款	中国工商银行		2 0 0 0 0 0 0 0	
合　　　计			￥2 0 0 0 0 0 0 0	￥2 0 0 0 0 0 0 0	

记账：　　　　出纳：孙立　　　　审核：张一杰　　　　制证：王月

图 5-6　记账凭证

（二）短期借款利息的处理

企业因短期借款而发生的利息，应作为当期损益计入"财务费用"科目，并区分情况作出不同的账务处理，注意如下三点：

一是利息的支付时间。企业从银行借入短期的利息，一般按季定期支付；若从其他金融机构或有关企业借入，借款利息一般于到期日同本金一起支付。

二是利息的入账时间。为了正确反映各月借款利息的实际情况，会计应根据权责发生制原则，按月计提利息；如果数额不大，也可于实际支付月份一次计入当期损益。

三是利息的核算账户。短期借款利息一律计入财务费用，预提利息的，应付利息在"应付利息"账户中核算，不通过"短期借款"账户。利息直接支付的，于付款时增加财务费用，并减少银行存款。具体有以下两种方法。

1. 预提法

按照权责发生制原则，当月应计提的利息费用，即使在当月没有支付，也应作为当月的利息费用处理，应在月末估计当月的利息费用数额，进行预提，借记"财务费用"科目，贷记"应付利息"科目。在实际支付利息的月份，按已经预提的利息金额，借记"应付利息"科目，按实际支付的利息金额与已经预提的利息金额的差额（即尚未计提的部分），为当月应负担的利息费用，借记"财务费用"科目；根据实际支付的利息金额，贷记"银行存款"科目。在实际支付利息的月份，也可以根据实际支付的利息借记"应付利息"科目，贷记"银行存款"科目；月末再调整应付利息的差额，借记"财务费用"科目，贷记"应付利息"科目。采用月末调整应付利息差额的方法，能够在应付利息明细账中全面反映借款利息的预提和支出数额。

2. 直接摊销法

在短期借款的数额不多，各月负担的利息费用数额不大的情况下，也可以采用简化的核算办法，即于实际支付利息的月份，将其全部作为当月的财务费用处理，借记"财务费用"科目，贷记"银行存款"科目。

一般来说，企业的所得税应于年末决算，采用这种方法不会对年度所得税的计算产生影响。但在年末如果有应由本年负担但尚未支付的借款利息，应予预提，否则会影响年度所得税的计算。

（三）归还短期借款的处理

企业在短期借款到期偿还本金时，应借记"短期借款"科目，贷记"银行存款"科目。

二、长期借款的账务处理

企业向银行借入的，一般用于固定资产的购建、改扩建工程、大修理工程等方面。企业应通过"长期借款"科目，核算长期借款的借入、归还等情况。

（一）取得长期借款

企业借入长期借款，应按实际收到的金额，借记"银行存款"科目，贷记"长期借款——本金"科目；如存在差额，还应借记"长期借款——利息调整"科目。

（二）长期借款的利息

长期借款利息费用应当在资产负债表日按照实际利率法计算确定，实际利率与合同利率差异较小的，也可以采用合同利率计算确定利息费用。长期借款计算确定的利息费用，应当按以下原则计入有关成本、费用：属于筹建期间的，计入管理费用；属于生产经营期间的，计入财务费用。如果长期借款用于购建固定资产的，在固定资产尚未达到预定可使用状态前，所发生的应当资本化的利息支出计入在建工程成本；固定资产达到预定可使用状态后发生的利息支出，计入财务费用。资产负债表日，按合同利率计算确定的应付未付利息借记"在建工程"、"财务费用"等科目，贷记"应付利息"科目。

（三）归还长期借款

企业归还长期借款的本金时，应按归还的金额，借记"长期借款——本金"科目，贷记"银行存款"科目；按归还的利息，借记"应付利息"，贷记"银行存款"科目。

任务在线

2013 年 4 月 30 日，湘华餐饮管理有限公司归还工行长期借款五十万元。

【操作流程】

第一步：出纳填写转账支票及进账单。

中国工商银行 支票存根 **55850325** **65788801**	付款期限自出票之日起十天	中国工商银行　支票 55850325　55850325

中国工商银行　支票　55850325　55850325　65788801

付款行名称：中国工商银行株洲荷塘支行
出票人账号：5552227778

中国工商银行 支票存根 **55850325** **65788801**
附加信息 _____
_____
出票日期　年 月 日
收款人：
金　额：
用　途：
单位主管　　会计

付款期限自出票之日起十天

出票日期(大写)　　　年　　月　　日
收款人：

人民币 (大写)		亿	千	百	十	万	千	百	十	元	角	分

用途
上列款项请从
我账户内支付
出票人签章

密码 _____
行号 _____ 4210

复核　　记账

根据《中华人民共和国票据法》等法律法规的规定，签发空头支票由中国人民银行处以票面金额5%但不低于1000元的罚款

附加信息	被背书人	被背书人
	背书人签章 年　月　日	背书人签章 年　月　日

粘贴单处

图5-7　转账支票

中国工商银行　　　　**进账单（回单）**　　　1

年　月　日

出票人	全称	湘华餐饮管理有限公司		收款人	全称	湘华餐饮管理有限公司									
	账号	5886884356			账号	3332227778									
	开户银行	中国工商银行荷塘支行			开户银行	中国工商银行荷塘支行									
金额	人民币 （大写）					亿	千	百	十	万	千	百	十	元	角	分
票据种类		票据张数													
票据号码															
	复核　　记账						收款人开户银行签章								

此联由收款人开户行交给收款人的收账通知

图5-8　进账单

第二步：盖章

图 5-9 印章

第三步：会计员审核原始凭证。

第四步：根据原始凭证做出记账凭证。

练一练

一、单项选择题

1. 短期借款账户应该按照（   ）设置明细账。

A. 借款种类   B. 债权人   C. 借款的性质   D. 借款的时间

2. 某企业 2008 年 7 月 1 日取得期限为 5 年的到期一次还本付息长期借款 800000 元，年利率为 7%。则 2009 年 12 月 31 日，该长期借款的账面价值为（   ）元。

A. 884000   B. 856000   C. 828000   D. 800000

3. 企业按季支付已预提的银行短期借款利息时，应借记（   ）账户核算。

A. 应付利息   B. 短期借款   C. 财务费用   D. 预付账款

4. 短期借款利息数额不大，可以直接支付、不预提，在实际支付时直接记入（   ）账户。

A. 财务费用   B. 管理费用   C. 应付利息   D. 销售费用

5. 关于短期借款，下列说法不正确的是（   ）。

A. 短期借款的期限在一年（含一年）以下

B. "短期借款"账户借方登记已归还的短期借款

C. 短期借款利息一律计入"财务费用"账户的借方

D. 短期借款的利息必须预提

二、多项选择题

1. 长期借款计息所涉及的账户有（   ）。

A. 管理费用   B. 财务费用   C. 在建工程   D. 应付利息

2. 关于短期借款的利息处理方法，下列说法正确的有（   ）。

A. 采用预提方法，分期计入财务费用

B. 一次计入财务费用

C. 一次计入短期借款

D. 采用预提方法分期计入短期借款

3. 某企业 2010 年 1 月 31 日从银行取得期限为 3 个月，金额 30000 元的短期借款。年利率为 4％。下列关于该短期借款账务处理正确的有（　　　）。（假设按月计提利息）

A. 借：短期借款　　　　　　30300　　　　B. 借：财务费用　　　　　100
　　　贷：银行存款　　　　　30300　　　　　　贷：应付利息　　　　100

C. 借：财务费用　　　　　　100　　　　　　D. 借：短期借款　　　　30000
　　　贷：短期借款　　　　　100　　　　　　　　应付利息　　　　200
　　　　　　　　　　　　　　　　　　　　　　　　财务费用　　　　100
　　　　　　　　　　　　　　　　　　　　　　贷：银行存款　　　30300

4. 某公司 1 月 2 日从银行借入期限为半年，年利率为 6％的借款 1000000 元，每月月末计提当月应负担的借款利息；假定：合同约定为到期还本付息；7 月 1 日期满，如期归还。编制的以下相关会计分录中，正确的有（　　　）。

A. 借：短期借款 1000000　　　　　　　B. 借：应付利息 30000
　　　贷：银行存款 1000000　　　　　　　　贷：银行存款 30000

C. 借：财务费用 5000　　　　　　　　　D. 借：银行存款 1000000
　　　贷：应付利息 5000　　　　　　　　　　贷：短期借款 1000000

三、判断题

1. 为购建固定资产而借入的专门借款的利息应全部计入固定资产的成本。（　　　）

2. 为了及时、如实反映款项的借入和偿还情况，企业应设置"短期借款"科目。该科目贷方登记取得借款的本金数额，借方登记偿还借款的本金数额。（　　　）

3. 长期借款是为了满足生产经营周期资金的不足的临时需要。（　　　）

4. 企业的借款通常按照其流动性或偿还时间的长短，划分为短期借款和长期借款。（　　　）

5. 期限在一年以上（包括一年）的各种借款为长期借款。（　　　）

四、实践题

去某一银行了解银行短期信贷信息，并列出现行的短期信贷的种类，各用什么账户核算以及账务处理，在下节课的时候和大家分享。

项目六　收银业务

学习目标

1. 了解收银员的职业特点。
2. 掌握收银员服务礼仪；收银业务基础知识。
3. 理解收银员职业道德及其基本素质。

任务一　收银员职业道德

项目实施

各种职业都有其相应的职业行为规范和准则，收银员职业道德规范的基本要求是什么呢？

知识平台

一、收银员职业道德规范的基本要求

（一）热爱本职、扎实工作

热爱本职是一种职业情感。所谓职业情感是指人们对所从事的职业的好恶态度和内心感受。所谓扎实工作，就是兢兢业业、不厌其烦的劳动态度。这也是一种职业作风。有了这种作风，收银员对待自己所从事的职业活动就会当真而不含糊，力求到位而不做表面文章，事事有着落、有交代而不虎头蛇尾。

（二）热爱企业、顾全大局

收银员要正确看待企业、消费者和个人利益的关系，做到消费者利益至上，维护企业形象，个人利益服从消费者利益和企业利益。

（三）尊重顾客、踏实服务

收银员要树立全心全意为顾客服务的思想，主动耐心为顾客服务，通过自己的勤奋劳动，满足顾客的需求，为企业创造经济效益。

（四）勤于学习、提高技能

收银员要努力学习岗位技术知识。古人云："工欲善其事，必先利其器。"这"器"就是收银员将优质服务变成行动的手段，而手段就是过硬的技能、丰富的知识和精湛的技艺。

二、收银员职业道德规范

（一）公平交易

坚持等价交换，维护企业信誉，从而增加消费者对企业的信任度，这对企业在激烈的市场竞争中取得发展有着举足轻重的作用。收银员在日常的收银服务中要做到：严格按照商品标价结算，并接受监督；切实贯彻国家物价政策，体现商品交换的等价原则；不得故意多收或少找，做到公平买卖，诚信无欺；工作要集中精神，不出差错，做到操作准确无误。

（二）诚实守信

诚实就是为人真诚、坦率、不口是心非。守信就是人际交往中恪守承诺、十分可靠、决不食言，诚实的人通常比较守信，守信的人则高度看重自己的人格，无条件的兑现自己的诺言。

（三）热情待客

在接待顾客时，收银员应尽量做到：主动、热情、耐心、周到。主动就是要主动与顾客打招呼，主动询问顾客需要。热情就是在接待顾客时，态度和蔼，语言亲切，不论顾客买多买少，买大买小，花钱多少都同样对待。耐心就是耐心回答顾客提出的问题，虚心听取顾客的意见，不计较顾客的态度好坏和语言的轻重。周到就是千方百计为顾客着想，尽一切可能为顾客提供完美的服务。

（四）奉公守法

收银员在工作中要接触钱和物品，会遇到各种各样的顾客。收银员要遵纪守法，自尊自重，严格执行有关政策、法规，做到清廉经商，秉公办事，不利用工作之便谋取私利，不损公肥私。要坚持原则，敢于同犯罪现象做斗争。

（五）一视同仁

所谓一视同仁，即收银员对自己的服务对象决不因人而异、厚此薄彼。一视同仁是服务行业的传统美德，也是收银员必须遵守的基本行为规范。一视同仁具体应做到以下几点：

（1）对顾客不论生熟、亲疏、老少、民族、国籍均应平等对待。在接待顾客时，不特别照顾熟人，冷落陌生人，不厌烦老人和欺哄小孩。对不同民族、不同国籍的顾客都要一样热情、周到、耐心。

（2）对特殊顾客与一般顾客同样热忱。在收银工作中经常会遇到一些特殊的顾客，比如残疾人、酒醉人、精神不正常的人等。

（3）对购买行为不同的顾客一样对待。购买行为不同是指买多买少不同，爽快与挑剔不同，买低档与买高档不同，买与不买或买了欲退换的顾客都能热情接待，决不另眼相看或刮目相待。

（六）微笑服务

收银员应讲究语言艺术，坚持微笑服务。谦恭、贴切的语言辅之和蔼的微笑能产生很强的亲和力。

三、收银工作的性质与作用

1. 收银工作的性质

收银工作有广义和狭义之分。广义的收银工作包括收银员、总收款室人员、收银主管、收银班（组）长以及收银监察主管和收银监察员等所从事的工作；狭义的收银工作是指收银台所从事的收款工作。一般情况下所说的收银工作是指狭义的收银工作。

收银工作是出纳工作的重要组成部分，是出纳工作环节中设在营业场所第一线的、负责收取营业资金的专门工作。收银工作与出纳工作的主要区别在于收银工作只负责货币资金的收入，而不负责货币资金的支付，其工作过程主要是收入、保管、清点、核对以及上缴，不设置账户进行核算。

2. 收银工作的作用

（1）保护货币资金的安全。货币资金是企业一项重要的流动资金，是企业资金的重要组成部分。因此，保护货币资产的安全与完整，是预防企业财产损失和保护企业经营成果的重要环节。

（2）树立企业的良好形象。收银台是企业的一个窗口，收银工作质量的好坏直接影响着企业的形象。这就要求每一位收银员树立服务思想，增强服务意识，进行微笑服务、热情服务，准确无误地收取钱币，提高收银工作的效率和质量，最大限度地树立企业的良好形象。

（3）提高企业的经济效益。收银工作担负着各项货币资金和有价证券的收取任务，是企业经济活动的第一道"关卡"。收银工作做好了，企业的经济活动就能够正常运转，提高企业的经济效益。反之，收银工作一旦出了问题，货币资金收取不及时，就会直接影响企业的正常经营和周转，最终影响企业经济效益的实现。

四、收银员职业定义

收银员是指在商业服务机构从事银钱（含现钞、支票、银行卡等）结算服务的工作人员。

五、收银员职业特点、能力特征

（一）收银员职业特点

（1）专业性。收银工作作为商家在其营业场所所设立的一个重要的经济岗位，有着专门的操作技术和工作要求，是一项专业性很强的工作。

（2）责任性。收银工作也是一项经济责任很大的工作，由于商场和超市、餐饮店、酒店等营业场所内的收银台每天都要收取大量的货币资金，而这些货币资金既关系着企业的经济利益，又关系到顾客的切身利益。

（3）效率性。由于现代生活的快节奏，加上商场和超市、餐饮店、酒店等营业场所的客流量较大，所以收银工作要求快节奏。

（4）服务性。收银员工作的特点是提供收银服务，满足消费者的需要。收银员在收银工作中，要尊重消费者的自我意识，给消费者带来快乐的心理体验，同时也使自己在工作中获得自我存在的体验与快乐。

（5）法律性。收银是与钱打交道的工作，每天都经手大量的现金，收银员在具有良好思想品德的同时，还要具有较强的法律意识。

（二）收银员能力特征

（1）具有一定的学习和计算能力。

（2）具有一定的空间感和形体知觉。

（3）手指、手臂灵活、动作协调。

六、收银员职业等级及技能要求

按照国家职业标准，收银员共设三个等级，分别为：初级（国家职业资格五级）中级（国家职业资格四级）、高级（国家职业资格三级）。各个级别均要掌握的基础知识包括：商品知识、商业零售企业知识、银钱知识、收款机知识、金融机知识、服务知识、礼仪知识、安全知识、相关法律法规知识等。各级别收银员的专业知识技能要求又有所不同，原则上高级别知识技能要求覆盖低级别知识技能。

七、收银员工作流程

（一）营业前工作流程

（1）上班打卡、更换工服、佩戴胸卡，做到仪容、仪表整洁。

（2）参加班组例会，对前一天的工作进行总结，了解当日促销等活动事项，对当天工作进行安排并强调相关注意事项。

（3）确认机台号。

（4）领取备用金并准备好零钱，领取收银用具、补充必备用品。

（5）清洁、整理作业区，包括整理收款机台面、清洁收款机设备、整理收银柜、清洁地板与垃圾桶，还包括收银台前货架的理货工作。

（6）打开相应电源，登录收款机、银行刷卡机签到并检查收银设置，登录收银系统；检查扫描设备、消磁设备及刷卡设备等是否可以正常使用，如有异常应马上调整或上报。

（7）打开结账通道，进入收银状态。

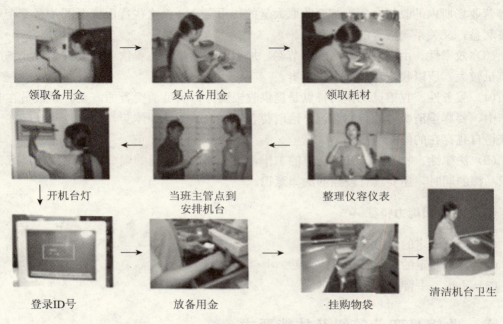

图6-1 营业前准备工作流程

（二）营业中工作流程

（1）热情招呼顾客。

（2）为顾客提供优质、快捷的结账服务。

（3）根据商品特性，帮顾客分类装袋。

（4）礼貌送客。

注意：收银员在营业中需根据现场的实际情况处理其他相关事宜，如大额营业款的上缴、不能录入的商品处理、顾客退换货处理、支援其他收银岗位、"孤儿"商品归位、防盗等。

迎接顾客　　　　　扫会员卡　　　　　双手还会员卡

软标签消磁，在消磁板上停留
2～3秒钟　　　　　解硬标签　　　　　双手连贯扫描商品

结账双手找零递
小票

图 6－2　营业中工作流程

（三）营业后工作流程

（1）经过主管或领班许可后，放置"暂停收银"牌，关闭结账通道。

（2）整理各类票据、促销券及营业额。

（3）将钱款及票据装入专用钱袋。

（4）按顺序依次关闭 POS 机、验钞机、打印机及电源，盖上台布。

（5）整理环境。

（6）离开机台。确定无遗漏的物品后方可离开，到指定的总收款室或财务室清点和上缴当班所收全部货款、票据及备用金，填写交款单。

（7）归还收银用具，清洁整理各类备品。

（8）确定第二日班次，更换工服，打卡下班。

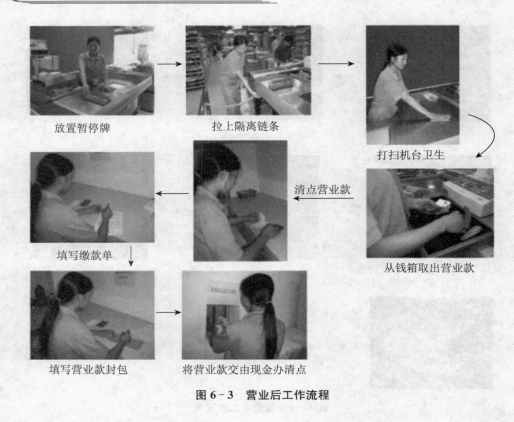

图6-3 营业后工作流程

任务二 收银业务基础知识

一、银钱知识

（一）现金（真假人民币识别的简易方法）

接受顾客现金时要注意辨识钞票的真伪，可通过手摸、眼看、耳听和检测的简易方法来识别。

（1）眼看：用眼睛仔细地观察票面外观颜色，固定人像水印、安全线、胶印缩微文字、红色和蓝色纤维、隐形面额数字、光变油墨面额数字、阴阳互补对印图案、横竖双号等。

（2）手摸：依靠手指触摸的感觉来分辨人民币的真伪。

（3）耳听：通过抖动使钞票发出声响，根据声音来辨别人民币真伪。

（4）检测：借助一些简单工具和专用仪器进行钞票真伪的识别。

（二）支票

支票上印有"转账"字样的为转账支票，印有"现金"字样的为现金支票，只能用于支取现金。所以银行通常受理的均为转账支票。

（1）支票的有效期为 10 天，从签发之日起计算，到期日为节假日时依次顺延。收到支票时必须看清支票是否过期。转账支票可以背书转让，可以挂失。但挂失前已支付，银行不予受理。

（2）签章要清楚，支票右下角的银行打码应该与出票人右上角填写的账号一致。

（3）打电话到收银中心办公室，查询购物单位的资信，确定提货时限。

（4）签发支票必须使用墨水或碳素墨水填写支票内容，签发日期等各项要素日期要规范，不得简写，大写要规范。

（5）核对金额，出票人，是否与所应填写的一致。

（三）银行卡

（1）信用卡和借记卡的区别

①物理构成上的区别：信用卡正面有信用卡标志（含激光防伪标志），借记卡不一定有；信用卡一定有有效期，借记卡不一定有；信用卡卡号均为凸印的，借记卡卡号有平面印刷的，也有凸印的。

②受理环节上的区别：

信用卡：只限本人使用不得出借转让；具有透支功能；可通过银行卡网络联机使用，也可脱机采用手工压卡的方式使用。消费时有的卡使用密码并核对签名；有的不使用密码，只核对签名。

借记卡：只限本人使用不得出借转让；不允许透支；必须通过银行卡网络联机使用，不可采用手工压卡方式。消费时必须使用密码并核对签名。

（2）银行卡的销售处理

银行卡必须由持卡人本人使用；当收到银行卡支付时，要仔细验卡，根据银行卡的一些物理特征辨别真假，如果是信用卡还可核对卡面的性别标注"MR"或"MS"与付款人性别是否一致。

二、财务核对及常见问题处理知识

（一）财务核对

我们在进行 POS 机结算时，要做到主动结算与强制结算、结算后做到自动销退；POS 机结算后，要注意交易凭证的保存。由于电子数据或纸质凭证均可作为交易依据；电子数据或纸质凭证应自交易日期至少保存 1 年；纸质凭证的影印件后扫描件在机构调阅时与原始凭证具有同等效力。

(二) 系统故障问题处理

我们在操作中会遇到收银机不能识别银行卡，交易成功后机子打印不出来凭证等故障，对于这些故障我们可以从故障的原因入手，来解决此类问题。如表 6-1 所示：

表 6-1   收银机系统故障现象及处理办法

故障现象	故障原因	建议处理办法
刷卡后无反应	1. 刷卡方式不对 2. 银行卡的磁条损坏 3. POS 机磁头故障	1. 调整磁条位置，使磁条与磁头在同一接触面上，重新刷卡 2. 如刷其他卡正常，而刷该卡无反应，可能是卡磁条损坏，提醒客人到发卡银行写磁或更换卡
POS 机屏幕无显示	1. 电源未插好或电源有故障 2. POS 机有故障	1. 检查电源，检查 POS 机的电源连接线是否连接正确 2. 非电源故障则咨询收单机构
交易成功不打单	1. 打印机可能未接好 2. 打印机未装纸或卡纸 3. 打印机故障	1. 使用 POS 自检功能打印测试页判断打印机是否正常 2. 检查打印机电源与连接是否正常 3. 把签购单装好后，用"重新打印"功能重新打印出签购单 请联系商户服务热线
POS 显示屏提示： 1. "无拨号音" 2. "请接电话线" 3. POS 显示屏一直提示"线路忙，请稍候"	1. 电话线无信号或欠费 2. 分机外线未开或加锁 3. 分机外线数量较少，经常无法拨出 4. 并接的电话机有防盗打功能 5. 该电话线上的其他设备对 POS 机产生干扰 6. POS 机有故障	1. 检查电话线是否正确插入 POS 机的"LINE"插口 2. 电话线路故障请找电工或电信局人员维修 3. 与单位总机室联系，开通分机电话外线 4. 解锁或关掉防盗开关 5. 断开其他并接设备 注：在出现电话线路故障时可将接在"LINE"插口上的电话线取下，用电话机检查是否能正常拨打电话以辅助判断
交易时密码键盘发出"嘀嘀嘀"的响声，交易无法完成	密码键盘故障	1. 按顺序重新安装连接 2. 请联系银联商户服务热线

任务三　收银服务礼仪

知识平台

一、收银员标准化接待服务规范（收银员迎、送客标准）

（一）无宾客临柜

标准：

（1）按标准坐姿端坐（早间迎客、晚间送客按标准站姿站立）；

（2）整理票据、钱款等。

原则：随时做好为宾客提供结算服务的准备。

禁忌：

（1）离开收银台时没有将"暂停收银"牌放在收银台显眼处明示宾客。

（2）长时间打电话。

（二）宾客临柜

标准：

（1）目视宾客；

（2）微笑；

（3）向宾客问好；

（4）右手接过购货单、钱款，唱收，温馨提醒宾客出示贵宾卡。

原则：以招呼宾客为先，其他工作次之（安全性工作除外）。

没有其他宾客等待交易时：微笑、目视宾客（离收银台约3米）→起身、向宾客问候（离收银台1米之内）。

交接班有宾客在排队时：等待所有宾客都结账后，在无宾客的情况下才可进行交接，且须出示"暂停收银"牌。

禁忌：

（1）只顾忙于其他工作或接打电话，对宾客临柜视而不见。

（2）打招呼时面无表情。

（3）一边收银一边与他人聊天。

（4）一边收银一边打与此次交易无关的电话。

（三）宾客离柜

标准：

（1）微笑；

（2）双手将所有购货凭证和找零一并递交给宾客，唱付；

（3）向宾客道别："请慢走！""再见！""请走好！"

原则：礼貌送客。

没有其他宾客等待交易时：起身，目送宾客离去（视线范围3～5米）。

禁忌：

（1）没有送客语；

（2）说"再见"时眼睛不注视宾客，手中还忙着自己的事。

二、收银员文明礼貌接待标准

接待服务重在细节，形体端正印象第一；

一声您好微笑示意，待人接物举止文雅；

收银操作娴熟到位，票据填写准确清晰；

双手递物送客离柜，道声谢谢再次光临。

练一练

一、单项选择题

1. 现金结算时，收钱找钱都应该清点（　　　）。

A. 1遍　　　　　　B. 2遍　　　　　　C. 3遍　　　　　　D. 5遍

2. 收银员在面对顾客时，为了达到良好的交流效果，必须遵循相容原则、（　　　）、信用原则及尊重原则。

A. 规律原则　　　　B. 互利原则　　　　C. 价值原则　　　　D. 微笑原则

3. 收银员要与顾客建立良好关系，就要热情，而认真（　　　）客人说话是表示热情的最好方式之一。

A. 看着　　　　　　B. 模仿　　　　　　C. 倾听　　　　　　D. 揣摩

4. 收银员职业素质包括（　　　）、工作意识和服务意识三个方面。

A. 思想意识　　　　B. 职业意识　　　　C. 严谨意识　　　　D. 态度意识

5. 借记卡与信用卡最大的区别是（　　　）。

A. POS机刷卡　　　B. 记账功能　　　　C. 不可透支　　　　D. 发卡银行

二、判断题

1. 交接班时遇顾客缴款由早班人员继续收款。（　　　）

2. 晚上停止收银员离场前需将暂停服务告示牌置于收银窗口下方，次日到岗后取下。（　　）

3. 收银员在当班期间离岗，只要如实填写离岗登记本就可以了。（　　）

4. 收银员因工作的特殊性，可以在岗位上饮水。（　　）

三、实践题

去某一超市观察收银员的工作情况，并绘制现金收银操作流程。

出纳岗位业务实训

任务一　出纳基本功训练

学习目标

1. 财会阿拉伯数字书写要符合手写的习惯，达到规范化。数字书写要做到：正确、清晰、整齐、流畅、标准、规范和美观；掌握中文大写数字的标准写法，做到要素齐全、数字正确、字迹清晰、不错漏、不潦草。

2. 熟悉计算器及其基本功能。

3. 点钞手法娴熟，点数正确率高。

4. 要求学生能熟练掌握各项基本技能，为出纳及会计工作练就过硬的基本功。

一、财会数字书写实训指导

（一）阿拉伯数字的书写方法

1. 字体要自右上方向左下方倾斜地写，倾斜度约 60 度。

2. "6" 字要比一般数字向右上方长出 1/4，"7" 和 "9" 字要向左下方长出 1/4。

3. 每个数字要紧靠凭证或账表行格底线书写，字体高度占行格高度的 1/2 以下，不得写满格，以便留有改错的空间。

4. 数字应当一个一个地写，不得连笔写。

5. 字体要各自成形，大小均衡，排列整齐，字迹工整、清晰。

6. 有圆的数字，如 6、8、9、0 等，圆圈必须封口。

7. 同行的相邻数字之间要空出半个阿拉伯数字的位置。

8. 如果没有账格线，数字书写时要同数位对齐书写。数字书写的整数部分，可以从小数点向左按 "三位一节" 用分节号 "，" 分开或空一个位置，以便于读数和汇总计算。

9. 正确运用货币符号。如果表示金额时，阿拉伯数字前面应当写货币符号，货币符号与阿拉伯数字之间不得留有空格。阿拉伯数字书写到分位为止，元位以下保留角、分两位小数，以下四舍五入。元和角之间要用小数点 "." 隔开，没有角分时，应在小数点后写 "0"，数字后面不再写货币单位。

手写体阿拉伯数字书写示范如图 1 所示。

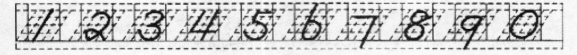

图 1　手写体阿拉伯数

（二）汉字大写数字的标准写法

中文大写数字（包括数位）：零、壹、贰、叁、肆、伍、陆、柒、捌、玖、拾、佰、仟、万、亿、元、角、分、整（正）。

（三）中文大写金额数字的书写要求

1. 大写金额前加写"人民币"

中文大写金额前应加"人民币"字样，并且与第一个大写数字之间不能留有空格。写数与读数顺序要一致。

2. 正确运用"整"字

中文大写金额到"元"为止的，应当写"整"或"正"字，如¥480.00应写成"人民币肆佰捌拾元整"。中文大写金额到"角"为止的，可以在"角"之后写"整"或"正"字，也可以不写，如¥197.30应写成"人民币壹佰玖拾柒元叁角整"或者"人民币壹佰玖拾柒元叁角"。中文大写金额到"分"位的，不写"整"或"正"字，如¥94,862.57应写成"人民币玖万肆仟捌佰陆拾贰元伍角柒分"。

3. 正确书写中间"零"

（1）中文数字中间有"0"时，中文大写金额也要写"零"字，如¥1,304.78应写成"人民币壹仟叁佰零肆元柒角捌分"。

（2）中文数字中间连续有几个"0"时，大写数字只写一个"零"字，如¥6,008.59应写成"人民币陆仟零捌元伍角玖分"。

（3）中文数字万位或元位是"0"，或者数字中间连续有几个"0"，万位、元位也是"0"，但千位、角位不是"0"时，中文大写金额中可以只写一个"零"字，也可以不写"零"字。如¥3,200.47应写成"人民币叁仟贰佰元零肆角柒分"，也可以写成"人民币叁仟贰佰元肆角柒分"；又如¥107,000.23应写成"人民币壹拾万柒仟元零贰角叁分"，也可以写成"人民币壹拾万零柒仟元贰角叁分"，还可以写成"人民币壹拾万柒仟元贰角叁分"；再如¥6,000,010.29应写成"人民币陆佰万零壹拾元零贰角玖分"，也可以写成"人民币陆佰万零壹拾元贰角玖分"。

（4）中文数字角位是"0"，而分位不是"0"时，中文大写金额元后面应写"零"字，如¥125.04应写成"人民币壹佰贰拾伍元零肆分"；又如¥60,309.07应写成"人民币陆万零叁佰零玖元零柒分"。

4. "壹"开头的别丢"壹"

当中文数字首位是"1"时，前面必须写上"壹"字，如¥16.74应写成"人民币壹拾陆元柒角肆分"；又如¥100,000.00应写成"人民币壹拾万元整"。

5. 写错不准涂改

为了防止作弊，银行、单位和个人填写的各种票据和结算凭证的中文大写金额一律不许涂改，一旦写错，则该凭证作废，需要重新填写。因此，会计人员在书写中文大写数字时必须认真填写，以减少书写错误的发生。

（四）中文大写票据日期的书写要求

在会计工作中，经常要填写支票、汇票和本票，这些票据的出票日期必须使用中文大写。为了防止变造票据的出票日期，在填写月时，月为壹、贰和壹拾的，应在其前面加"零"。日为壹至玖和壹拾、贰拾、叁拾的，应在其前面加"零"；日为拾壹至拾玖的，应在其前面加"壹"。如1月12日，应写成"零壹月壹拾贰日"；10月30日，应写成"零壹拾月零叁拾日"；2014年4月9日，应写成"贰零零捌年肆月零玖日"。

数字练习：

0123456789012345678901234567890123456789

0123456789012345678901234567890123456789

0123456789012345678901234567890123456789

0123456789012345678901234567890123456789

0123456789012345678901234567890123456789

0123456789012345678901234567890123456789

0123456789012345678901234567890123456789

0123456789012345678901234567890123456789

零												

壹												

贰												

叁												

肆												

伍												

陆												

柒												

捌												

玖												

拾												

佰												

仟

万

亿

元

角

分

整

人

民

币

二、小型计算器传票算

（一）小型计算器右手指法分工

1. 拇指指法：AC、CE、ON 键位。
2. 食指指法：0、1、4、7 键位。
3. 中指指法：00、2、5、8 键位。
4. 无名指指法：·、3、6、9 键位。
5. 小拇指指法：＋、－、×、÷键位。

图 2　小型计算器

（二）基本指法练习

1. 0147、00258、·369 练习。
2. 123、456、789 练习。
3. 159、357 练习。
4. 13579、24680 练习。
5. 老师念数，学生看键输入数字，要求指法正确。
6. 老师念数，学生不看键输入数字，要求指法正确。
7. 学生看数，同时不看键输入数字，要求指法正确。

三、点钞

（一）点钞技巧

人工点钞的基本步骤：

（1）拆把：把待点钞票按照不同点钞方法的要求拿在手中，然后脱去扎钞纸带，为点数做好准备。

（2）点数：左手持钞，右手点钞，眼睛紧盯过数的钞票，同时记数。

（3）扎把：把整点准确的百张钞票码放整齐，用扎把纸带捆扎牢固。

（4）盖章：在捆扎钞票的纸带上加盖点钞人员的名章，以明确责任。

（二）点钞法

1. 手持式单指单张点钞法

（1）拆把。

图3　拆把

（2）持钞。

图4　持钞

（3）清点。

（4）记数。

（5）挑残破票。

（6）扎把。

图5　清点

2. 多指多张点钞法

（1）持票。

（2）清点。

（3）记数。

图6　多指多张点钞

老师布置点钞练习任务：每种手法练习时间为五分钟一组，可交替进行。

任务二　出纳业务训练

学习目标

1. 熟悉出纳岗位主要工作责职。

2. 理解出纳工作内部控制要求。

3. 掌握重要票据与印鉴管理规定及重要票据的填写。

4. 掌握出纳日记账主要内容、编制银行存款余额调节表以及装订凭证。

【背景资料】

1. 企业名称：湘华餐饮管理有限公司，设立时间：2000 年 1 月 1 日。

2. 企业法人：杨萍。

3. 经营范围：餐饮管理；餐饮咨询；餐饮服务；中西式快餐；卤水食品加工；餐饮经营管理；餐饮项目策划及投资；食品加工技术咨询及转让；餐饮人才咨询培训；餐饮资源整合管理；餐饮文化交流及餐饮产品展览。

4. 营业地址：湖南省株洲市荷塘区湘华路 1 号　电话：0731－28888888。

5. 税务登记号：000013560044008。

6. 基本存款账户开户银行：中国工商银行株洲荷塘支行　3332227778。

行号：4210，地址：株洲市红旗北路 153 号。

7. 一般存款账户开户银行：中国建设银行湖南省分行桂花路支行。

账号：318406537921456，行号：3241。

地址：株洲市桂花路 12 号。

8. 内部会计制度相关规定：企业执行现行《小企业会计准则》，记账本位币为人民币，原材料按实际成本计价，发出材料单位成本采用月末一次加权平均法计算。

9. 纳税规定：一般纳税人，适用增值税率 17%，适用所得税率 25%，适用城市维护建设税税率 7%，教育费附加比例 3%。企业供应过程中采购原材料支付的运输费若取得普通发票，可按 7% 抵扣增值税进项税额。

10. 固定资产折旧采用平均年限法。

11. 会计机构人员分工：出纳：孙立，身份证号：340125198306180052；会计：王月；会计主管：张一杰。

12. 印鉴章如下：

图 7　印鉴章

票据填写练习

1. 2014 年 1 月 1 日，支付朱超 2000 元。

思考与练习

中国建设银行 现金支票存根（湘） VI II 01517206 附加信息	本 支 票 付 款 期 十 天	中国建设银行现金支票（湘）VI II 01517206

中国建设银行现金支票（湘）VI II 01517206

出票日期（大写）　年　月　日　　付款行名称：

收款人：　　　　　　　　　　出票人账号：

人民币　　　　　　　　　　　　千 百 十 万 千 百 十 元 角 分
（大写）

用途：　　　　　　　　　　　　科目（借）
上列款项请从　　　　　　　　　对方科目（贷）
我账户内支付　　　　　　　　　　付讫日期　　　月　日
　　　　　　　出票人签章　　　　出纳　复核　记账

出票日期　年　月　日
收款人：
金额：
用途：
单位主管 周宏之　会计 王明

图 8　现金支票

2.2014 年 1 月 10 日，提取备用金 7000 元。

中国建设银行 现金支票存根（湘） VI II 01517206 附加信息	本 支 票 付 款 期 十 天	中国建设银行现金支票（湘）VI II 01517206

中国建设银行现金支票（湘）VI II 01517206

出票日期（大写）　年　月　日　　付款行名称：

收款人：　　　　　　　　　　出票人账号：

人民币　　　　　　　　　　　　千 百 十 万 千 百 十 元 角 分
（大写）

用途：　　　　　　　　　　　　科目（借）
上列款项请从　　　　　　　　　对方科目（贷）
我账户内支付　　　　　　　　　　付讫日期　　　月　日
　　　　　　　出票人签章　　　　出纳　复核　记账

出票日期　年　月　日
收款人：
金额：
用途：
单位主管 周宏之　会计 王明

图 9　现金支票

思考与练习

3. 2014 年 2 月 10 日，支付湖南省商业技师学院房租 2000 元。

中国建设银行 现金支票存根（湘） VI II 01517206 附加信息	本支票付款期十天	中国建设银行转账支票（湘） VI II 01517206
出票日期　年　月　日 收款人： 金额： 用途： 单位主管　周宏之　会计　王明		出票日期（大写）　年　月　日　　付款行名称： 收款人：　　　　　　　　　　出票人账号： 人民币（大写）　　　　千 百 十 万 千 百 十 元 角 分 用途： 上列款项请从 我账户内支付 出票人签章　　　　　科目（借） 对方科目（贷） 复核日期　　年　月　日 出纳　复核　记账

图 10　转账支票

4. 2014 年 2 月 20 日，支付株洲市电力局电费 30000 元。

中国建设银行 现金支票存根（湘） VI II 01517206 附加信息	本支票付款期十天	中国建设银行转账支票（湘） VI II 01517206
出票日期　年　月　日 收款人： 金额： 用途： 单位主管　周宏之　会计　王明		出票日期（大写）　年　月　日　　付款行名称： 收款人：　　　　　　　　　　出票人账号： 人民币（大写）　　　　千 百 十 万 千 百 十 元 角 分 用途： 上列款项请从 我账户内支付 出票人签章　　　　　科目（借） 对方科目（贷） 复核日期　　年　月　日 出纳　复核　记账

图 11　转账支票

思考与练习

5.2014 年 3 月 2 日向银行存入一笔销货款，金额为 8500 元，其中：100 元面额的 80 张，50 元面额的 10 张。根据上述资料填写现金存款凭条。

中国银行现金存款凭条
年　月　日

存款人	全　称												
	账　号			款项来源									
	开户行			交款人									
人民币（大写）：					十	万	千	百	十	元	角	分	

图 12　现金存款凭条

6.2014 年 3 月 6 日向银行存入一笔销货款，金额为 18500 元，其中：100 元面额的 180 张，50 元面额的 10 张。根据上述资料填写现金存款凭条。

中国银行现金存款凭条
年　月　日

存款人	全　称												
	账　号			款项来源									
	开户行			交款人									
人民币（大写）：					十	万	千	百	十	元	角	分	

图 13　现金存款凭条

7.2014 年 3 月 10 日由清查小组人员叶晶对库存现金进行清查，部分现金日记账及相关原始凭证如下：

现金日记账

2014 年		凭证号数	对方科目	摘要	收入（借方）金　额	付出（贷方）金　额	结余金额
月	日						
3	10			承前面	2570.00	4130.00	4940.00
	10		银行存款	提取现金	61200.00		66140.00
	10		应付职工薪酬	发放工资		61200.00	4940.00
	10		管理费用	报销办公费		1150.00	3790.00
	10		管理费用	报销电话费		480.00	3310.00

图 14　现金日记账

思考与练习

经清点，发现库存现金实有数为 3500 元。

现金清查盘点报告表
年　月　日

账面余额	实存金额	清查结果		说明
		盘盈	盘亏	
单位负责人处理意见：			备注：	

盘点人（签章）：　　　　　　　　　　出纳员（签章）：

第一联

图 15　现金清查盘点报告表

现金清查盘点报告表
年　月　日

账面余额	实存金额	清查结果		说明
		盘盈	盘亏	
单位负责人处理意见：			备注：	

盘点人（签章）：　　　　　　　　　　出纳员（签章）：

第二联

图 16　现金清查盘点报告表

8.2014 年 3 月 12 日由清查小组人员叶晶对库存现金进行清查，部分现金日记账及相关原始凭证如下：

现金日记账

2014 年		凭证号数	对方科目	摘要	收入（借方）金额	付出（贷方）金额	结余金额
月	日						
3	12			承前面	2570.00	4130.00	4940.00
	12		银行存款	提取现金	61200.00		66140.00
	12		应付职工薪酬	发放工资		61200.00	4940.00
	12		管理费用	报销办公费		1150.00	3790.00
	12		管理费用	报销电话费		480.00	3310.00

图 17　现金日记账

思考与练习

经清点，发现库存现金实有数为 3110 元。

现金清查盘点报告表
年　月　日

账面余额	实存金额	清查结果		说明
		盘盈	盘亏	
单位负责人 处理意见：			备注：	

盘点人（签章）：　　　　　　　　　　　　　出纳员（签章）：

第一联

图 18　现金清查盘点报告表

现金清查盘点报告表
年　月　日

账面余额	实存金额	清查结果		说明
		盘盈	盘亏	
单位负责人 处理意见：			备注：	

盘点人（签章）：　　　　　　　　　　　　　出纳员（签章）：

第二联

图 19　现金清查盘点报告表

9. 2014 年 4 月 10 日，经理助理李迪因公从沧州赴广州参加会议，预借差旅费现金 1000 元。11 日 15：54 乘火车硬卧出发，票价 275 元。12 日 7：30 到达广州。在某饭店住宿，住宿费每天 90 元。16 日 18：00 从广州乘硬卧返回，票价 275 元，17 日 9：23 回到沧州。另外，在广州时往公司打电话、电传，支付邮电费 80 元。20 日，到财务科履行报销手续。该公司规定外出办事人员可以乘坐硬卧铺，每天住宿费标准为 80 元，市内交通费 15 元（出差出发日及到达日不计），伙食补贴费每天 20 元。附发票等 4 张（略）。

思考与练习

借 款 单（第三联）

年 月 日

No. 33459

借款单位		姓名		级别		出差地点	
						天数	
事由				借款金额	（大写）		￥_____
实际报 销金额			结余金额	￥_____	注意事项：		
			超支金额	￥_____			
部门领导签章		财务负责人签章		经办人签章		一、凡借用公款必须使用本单 二、出差返回后三日内结算 三、第三联为正式借据	
年 月 日		年 月 日		年 月 日			

图 20　借款单

差旅费报销单

年 月 日

单据张数　张（略）

事由　　　　姓名　　　　职务　　　　预借款　　元

起止日期				起止地点	车船费	办公邮电	住勤费			途中标准	伙食补助		合计
月	日	月	日				标准	天数	金额		天数	金额	
合　计													
人民币（大写）							应退（补）：						

派出单位领导：　　　　财务主管：　　　　复核：　　　　出纳：

图 21　差旅费报销单

思考与练习

借 款 单（第三联）

年 月 日

No. 33459

借款单位		姓名		级别		出差地点	
						天数	
事由				借款金额	（大写）		￥_____
实际报销金额		结余金额	￥_____		注意事项：		
		超支金额	￥_____		一、凡借用公款必须使用本单		
部门领导签章		财务负责人签章		经办人签章		二、出差返回后三日内结算	
						三、第三联为正式借据	
年 月 日		年 月 日		年 月 日			

图 22　借款单

10. 2014 年 5 月 10 日，经理助理张明因公从沧州赴长沙参加展销会，预借差旅费 1500 元。11 日 17：34 乘火车硬卧出发，票价 190 元，12 日 6：20 到达长沙。在某饭店住宿，住宿费每天 80 元（大会统一安排）。16 日 13：00 从长沙乘硬卧到武汉，票价 120 元，16 日 17：00 到达武汉。在武汉期间住宿费 90 元。18 日 18：45 从武汉出发，乘坐硬卧，票价 250 元，19 日 12：38 回到沧州。20 日，到财务科履行报销手续。该公司规定外出办事人员可以乘坐硬卧铺，每天住宿费标准为 70 元，市内交通费 15 元（出差出发日及到达日不计），伙食补贴费每天 20 元。附发票等 5 张。相关原始凭证如下：

借 款 单（第三联）

年 月 日

No. 33459

借款单位		姓名		级别		出差地点	
						天数	
事由				借款金额	（大写）		￥_____
实际报销金额		结余金额	￥_____		注意事项：		
		超支金额	￥_____		一、凡借用公款必须使用本单		
部门领导签章		财务负责人签章		经办人签章		二、出差返回后三日内结算	
						三、第三联为正式借据	
年 月 日		年 月 日		年 月 日			

图 23　借款单

思考与练习

差旅费报销单

年　月　日

单据张数　张（略）

事由　　　　　　姓名　　　　　　职务　　　　　　预借款　　　　元

起止日期				起止地点	车船费	办公邮电	住勤费			途中标准	伙食补助		合计
月	日	月	日				标准	天数	金额		天数	金额	
合　计													
人民币（大写）						应退（补）：							

派出单位领导：　　　　财务主管：　　　　复核：　　　　出纳：

图 24　差旅费报销单

收　款　收　据

年　月　日　　　　　编号：

交款人（单位）		万	千	百	十	元	角	分
摘　要								
金额（大写）								

主管　　　　会计　　　　出纳　　　　制票

图 25　收款收据

11. 2014 年 5 月 8 日向开户银行申请银行本票 85000 元，用于支付中大餐饮有限责任公司的货款。中大餐饮有限责任公司的开户银行为华夏银行株洲市长安路支行；账号为 12304015201200000801。

根据上述资料填写银行本票申请书。

银行本票申请书

申请日期　　　年　月　日

申请人		收款人										
账号或住址		账号或住址										
用途		代理付款行										
本票金额	人民币（大写）		千	百	十	万	千	百	十	元	角	分

图 26　银行本票申请书

思考与练习

12. 原始凭证如下：

湘华餐饮管理有限公司采购资金请款单

借款部门：采购科   2014 年 3 月 10 日

物资名称及型号规格	单位	单价	数量	金额	供应单位		
特级调料	千克	500	1000	500000	名　　称：长沙市华地公司 账　　号：000242424335 开户行：中国银行长沙支行		
请款数	（大写）伍拾玖万元整（含增值税）				付款方式：		
实付数	（大写）伍拾玖万元整				电汇☐　信汇☐　汇票✓		

出纳：   审核：   部门主管：李伟东   请款人：李丽

图 27　采购资金请款单

中国银行汇票申请书（回单）

申请日期   年   月   日

申请人		收款人										
账号或 住址		账号或 住址										
用途		代理付 款行										
汇票 金额	人民币 （大写）		千	百	十	万	千	百	十	元	角	分

图 28　汇票申请书（回单）

思考与练习

| 付款期限
壹 个 月 | 中国银行
银 行 汇 票 | 2 | No. XI00578567
第 号 |

出票日期 年 月 日
（大写）

代理付款行：中国银行长沙支行 行号：502

收款人： 账号：000242424335

出票金额 人民币
（大写）

| 实际结算金额 人民币
（大写） | | | | | | | | | 千 | 百 | 十 | 万 | 千 | 百 | 十 | 元 | 角 | 分 |

申请人：湘华餐饮管理有限公司 账号或住址 000564678023

出票行：中国银行株洲市人民路支行 行号：

备 注：货款

密押：

科目（贷）

对方科目（借）

多 余 金 额

转账日期： 年 月 日

千 百 十 万 千 百 十 元 角 分

凭票付款

出票行签章

复核 记账

此联代理付款行付款后作联行往账借方凭证附件

图 29 银行汇票

| 付款期限
壹 个 月 | 中国银行
银 行 汇 票（解讫通知） | 3 | No. XI00578567
第 号 |

出票日期 年 月 日
（大写）

代理付款行：中国银行长沙支行 行号：502

收款人： 账号：000242424335

出票金额 人民币
（大写）

| 实际结算金额 人民币
（大写） | | | | | | | | | 千 | 百 | 十 | 万 | 千 | 百 | 十 | 元 | 角 | 分 |

申请人：湘华餐饮管理有限公司 账号或住址 000564678023

出票行：中国银行株洲市人民路支行 行号：

备 注：货款

密押：

科目（借）

对方科目（贷）

多 余 金 额

兑付日期： 年 月 日

千 百 十 万 千 百 十 元 角 分

凭票付款

出票行签章

复核 记账

此联代理付款行付款后作联行往来账借方凭证附件

图 30 银行汇票（解讫通知）

13. 资料 1：2014 年 3 月 20 日，公司向光华物资公司购入货物一批，交易合同编号为 2014 - 18，货款 150000 元，采用商业承兑汇票结算，本公司于 2014 年 3 月 20 日签发汇票，双方约定汇票于 2014 年 7 月 20 日到期。天成公司开户银行为中国农业银行天津市人民路支行，地址为天津市人民路 8 号，行号为 230458，账号为 20304015201200000351。

资料 2：仍依上述资料，若本公司向开户银行申请承兑，银行同意承兑，订阅的承兑协议编号为 2014 - 25。

根据以上资料 1 填写商业承兑汇票。

思考与练习

根据以上资料 2 填写银行承兑汇票。

商业承兑汇票

00000000   2

出票日期（大写）   年 月 日

付款人	全　称		收款人	全　称	
	账　号			账　号	
	开户银行			开户银行	

出票金额（大写）	人民币（大写）		亿	千	百	十	万	千	百	十	元	角	分

汇票到期日（大写）		付款人开户行	行号	
交易合同号码			地址	

本汇票已经承兑，到期无条件支付票款。	本汇票请予以承兑于到期日付款。
承兑人签章 承兑日期　　年　月　日	出票人签章

图 31　商业承兑汇票

银行承兑汇票

00000000   2

出票日期（大写）   年 月 日

出票人全称		收款人	全　称	
出票人账号			账　号	
付款行全称			开户银行	

出票金额（大写）	人民币（大写）		亿	千	百	十	万	千	百	十	元	角	分

汇票到期日（大写）		付款行	行号	
承兑协议编号			地址	

本汇票请你行承兑，到期无条件付款 出票人签章	本汇票已经承兑，到期日由本行付款 承兑行签章 承兑日期　　年　月　日　　复核　　记账

图 32　银行承兑汇票

思考与练习

14. 资料：2008 年 3 月 21 日，公司用电汇方式办理向黄河股份有限责任公司汇前欠购货款 90000 元。黄河股份有限责任公司开户银行为西安市人民银行太华路分理处（陕西省），账号为 69873401520120000905，未设支付密码。根据上述资料填写电汇凭证。

人民银行电汇凭证（回单）

□普通　　□加急			委托日期　　　年　　月　　日											

汇款人	全称			收款人	全称									
	账号				账号									
	汇出地点	省　　　市/县			汇入地点	省　　　市/县									

汇出行名称		汇入行名称	

金额	人民币（大写）		亿	千	百	十	万	千	百	十	元	角	分
		支付密码											
		附加信息及用途：											
	汇出行签章		复核　　　记账										

图 33　电汇凭证（回单）

15. 销售高级料理 1000 盒，单价 100 元/盒。

购货方信息为：

名　　　称：沧州乐康食品店

纳税人识别号：340134558838896

地　　址：沧州市解放大街 58 号　电话：0772 - 3200566

开户行及账号：中行沧州支行 000647824398

思考与练习

湖南省增值税专用发票

发票联

购货单位	名　　　称： 纳税人识别号： 地　址、电　话： 开户行及账号：				密码区				
货物或应税劳务名称		规格型号	单位	数量	单价		金额	税率	税额
合计									
价税合计（大写）					（小写）				
销货单位	名　　　称： 纳税人识别号： 地　址、电　话： 开户行及账号：				备注				

收款人：　　　　　　　复核：　　　　　　开票人：　　　　　　销货单位：（章）

图 34　增值税专用发票

试一试：根据上述原始凭证编制记账凭证。

思考与练习

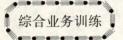

一、办理下列收付业务

1. 填制支票及背书

资料：2013 年 4 月 12 日，从基本存款户提取现金 2000 元备用。行号 4210（下同）。

中国工商银行
支票存根
55850325
65788801

附加信息

出票日期　年 月 日

收款人：

金　额：

用　途：

单位主管　会计

根据《中华人民共和国票据法》等法律法规的规定，签发空头支票由中国人民银行处以票面金额5%但不低于1000元的罚款

付款期限自出票之日起十天

中国工商银行　支票 55850325　　55850325
65788801

出票日期(大写)　　年　月　日

收款人：

付款行名称：中国工商银行株洲荷塘支行
出票人账号：5552227778

人民币
(大写)

亿千百十万千百十元角分

用途

上列款项请从
我账户内支付

出票人签章

密码

行号　　4210

复核　　记账

附加信息

被背书人

被背书人

背书人签章
年　月　日

背书人签章
年　月　日

粘贴单处

图 35　支票

思考与练习

1

中国工商银行　　　　进账单（回单）

年　月　日

出票人	全称		收款人	全称	
	账号			账号	
	开户银行			开户银行	

金额	人民币（大写）			亿	千	百	十	万	千	百	十	元	角	分

票据种类		票据张数	
票据号码			

复核　　记账　　　　　　　　　　　　收款人开户银行盖章

此联由收款人开户行交给收款人的收账通知

图 36　进账单（回单）

资料：2013 年 4 月 12 日，从基本存款户支付湖南省商业技师学院咨询费 2000 元，当天，湖南省商业技师学院把此张支票背书给株洲市自来水公司。行号 4210（下同）。

中国工商银行
支票存根

55850325
65788801

附加信息＿＿＿＿＿

＿＿＿＿＿＿＿

出票日期　年　月　日

收款人：	
金　额：	
用　途：	

单位主管　　会计

中国工商银行　　支票　55850325　　55850325
65788801

付款期限自出票之日起十天

出票日期(大写)　　年　　月　　日
收款人：

付款行名称：中国工商银行株洲荷塘支行
出票人账号：5552227778

人民币(大写)		亿	千	百	十	万	千	百	十	元	角	分

用途
上列款项请从
我账户内支付

出票人签章

密码＿＿＿＿＿＿
行号＿＿4210＿＿

复核　　记账

080880　　0012…88…54　　　092000636170　00

附加信息	被背书人	被背书人
	背书人签章 年　月　日	背书人签章 年　月　日

粘贴单处

图 37　支票

思考与练习

中国工商银行　　　　　进账单（回单）　　　　**1**

年　月　日

出票人	全称		收款人	全称												此联由收款人开户行交给收款人的收账通知
	账号			账号												
	开户银行			开户银行												
金额	人民币（大写）				亿	千	百	十	万	千	百	十	元	角	分	
票据种类		票据张数														
票据号码																
			复核　　记账		收款人开户银行盖章											

图38　进账单（回单）

2. 办理银行汇票业务，填制银行汇票申请书

资料：2013 年 4 月 20 日，向基本存款户开户银行申请取得一张面值为 32050 元的银行汇票，用于支付前欠上海立申有限公司货款，账号：10921180278541791。

汇票申请书（存根）　　　**1**

申请日期（大写）　　年　　月　　日　　　　　第 1 号

申请人		收款人											此联由申请人留存
账号或住址		账号或住址											
用途		代理付款行											
汇款金额	人民币（大写）		千	百	十	万	千	百	十	元	角	分	
备注：		科　　目 对方科目 财务主管　　复核　　经办											

图39　汇票申请书

思考与练习

3. 签发商业承兑汇票

资料：2013 年 4 月 25 日，公司向京东方食品有限责任公司购买原材料（合同号♯20130447），货款 50000 元，增值税进项税额 8500 元，开出一张 3 个月到期、面值为 58 500元的商业承兑汇票。京东方食品有限责任公司开户银行为中国农业银行四川省分行龙泉驿支行，账号为 5211802345212034，付款人开户行地址为成都市跳伞塔路 1 号。

商业承兑汇票（卡片）

出票日期（大写）　　年　月　日　　　　1　AB 01

付款人	全　称		收款人	全　称													
	账　号			账　号													
	开户银行			开户银行													
出票金额（大写）	人民币（大写）				亿	千	百	十	万	千	百	十	元	角	分		
汇票到期日（大写）		付款人开户行	行号														
交易合同号码			地址														
			备注：														
出票人签章																	

此联承兑人留存

图 40　商业承兑汇票

4. 办理委托收款业务，填制委托收款结算凭证

资料：2013 年 4 月 29 日，销售商品给绵阳国兴食品贸易有限公司（地址：四川省绵阳市游仙区游仙路 2 号，开户行：中国建设银行四川省分行游仙支行，账号：2116247558430133），合同号 2013040139，其中甲产品 50 台，单价 600 元，乙产品 50 台，单价 650 元，增值税税率 17％，同时代购买方代垫运杂费 2000 元。商品已于当日发货，并于当日办妥委托银行收款手续。托收凭据名称为委托收款，附寄单证 3 张。

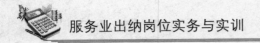

中国工商银行　　　　**托收凭证**　（受理回单）　　　1

委托日期　　　年　　月　　日

业务类型		委托收款（□邮划、□电划）				托收承付（□邮划　□电划）									
付款人	全称				收款人	全称									
	账号					账号									
	地址	省　　市县	开户行			地址	省　　市县	开户行							
金额	人民币（大写）						亿	千	百	十	万	千	百	十	元 角 分
款项内容			托收凭据名　称				附寄单证张数								
商品发运情况				合同名称号码											
备注：			款项收妥日期												
	复核　　记账			年　月　日			收款人开户银行签章　　　　年　月　日								

此联作收款人开户银行给收款人的受理回单

图 41　托收凭证

二、根据记账凭证登记现金及银行存款日记账

1. 要求：现金日记账需进行日结和月结；银行存款日记账需进行月结。

2. 资料：2013 年 4 月 28 日至 2013 年 4 月 30 日，该公司发生下列与现金、银行存款相关的经济业务：

（1）28 日，销售甲商品。

思考与练习

记 账 凭 证

2013年4月28日 　　　　记　字第199号

摘　要	会 计 科 目		借 方 金 额										贷 方 金 额										记账✓
	总 账 科 目	明 细 科 目	亿	千	百	十	万	千	百	十	元	角	分	亿	千	百	十	万	千	百	十	元	角	分
销售商品	银行存款	中国工商银行				8	4	2	4	0	0	0												
	主营业务收入	甲产品														7	2	0	0	0	0	0		
	应交税费	应交增值税-销项税额														1	2	2	4	0	0	0		
合　　　计					￥	8	4	2	4	0	0	0			￥	8	4	2	4	0	0	0		

附件2张

记账　　　　出纳 孙立　　　　审核 张一杰　　　　制证 王月

图42　记账凭证

（2）28日，采购员王阳预借差旅费。

记 账 凭 证

2013年4月28日 　　　　记　字第200号

摘　要	会 计 科 目		借 方 金 额										贷 方 金 额										记账✓
	总 账 科 目	明 细 科 目	亿	千	百	十	万	千	百	十	元	角	分	亿	千	百	十	万	千	百	十	元	角	分
预借差旅费	其他应收款	王阳						1	0	0	0	0	0											
	库存现金																		1	0	0	0	0	0
合　　　计						￥	1	0	0	0	0	0				￥	1	0	0	0	0	0		

附件1张

记账　　　　出纳 孙立　　　　审核 张一杰　　　　制证 王月

图43　记账凭证

思考与练习

（3）28日，财务部王月报销差旅费。

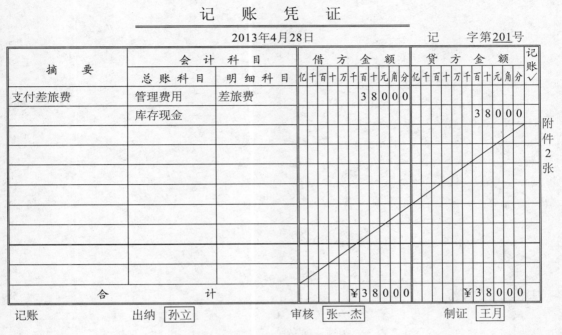

记 账 凭 证

2013年4月28日　　　　　　　　记　字第201号

摘　要	会 计 科 目		借 方 金 额										贷 方 金 额										记账√
	总账科目	明细科目	亿	千	百	十	万	千	百	十	元	角	分	亿	千	百	十	万	千	百	十	元	角	分	
支付差旅费	管理费用	差旅费						3	8	0	0	0													
	库存现金																	3	8	0	0	0		
合　　　　　　　　　计							￥	3	8	0	0	0					￥	3	8	0	0	0		

记账　　　　　出纳 孙立　　　　　　审核 张一杰　　　　　制证 王月

附件2张

图44　记账凭证

（4）28日，支付前欠购料款。

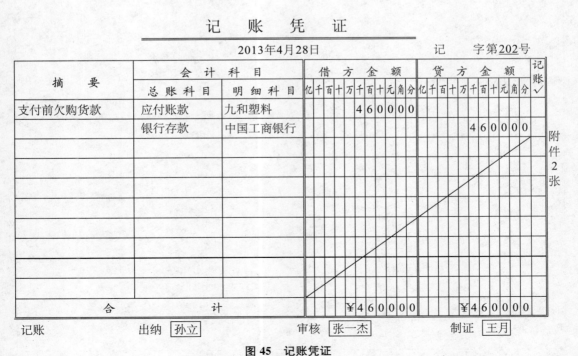

记 账 凭 证

2013年4月28日　　　　　　　　记　字第202号

摘　要	会 计 科 目		借 方 金 额										贷 方 金 额										记账√
	总账科目	明细科目	亿	千	百	十	万	千	百	十	元	角	分	亿	千	百	十	万	千	百	十	元	角	分	
支付前欠购货款	应付账款	九和塑料					4	6	0	0	0	0													
	银行存款	中国工商银行															4	6	0	0	0	0		
合　　　　　　　　　计							￥	4	6	0	0	0	0				￥	4	6	0	0	0	0		

记账　　　　　出纳 孙立　　　　　　审核 张一杰　　　　　制证 王月

附件2张

图45　记账凭证

思考与练习

（5）29 日，为信用卡充值。

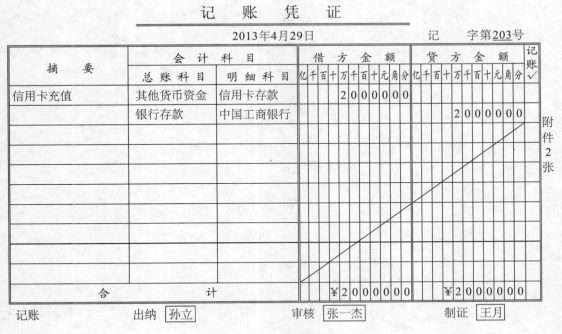

记 账 凭 证

2013年4月29日 　　　　记 　字第203号

摘 要	会 计 科 目		借 方 金 额	贷 方 金 额	记账√
	总账科目	明细科目	亿千百十万千百十元角分	亿千百十万千百十元角分	
信用卡充值	其他货币资金	信用卡存款	2 0 0 0 0 0 0		
	银行存款	中国工商银行		2 0 0 0 0 0 0	附件2张
合　　　　计			￥2 0 0 0 0 0 0	￥2 0 0 0 0 0 0	

记账　　　　出纳 孙立 　　　　　审核 张一杰 　　　　制证 王月

图 46　记账凭证

（6）29 日，收到银行借款。

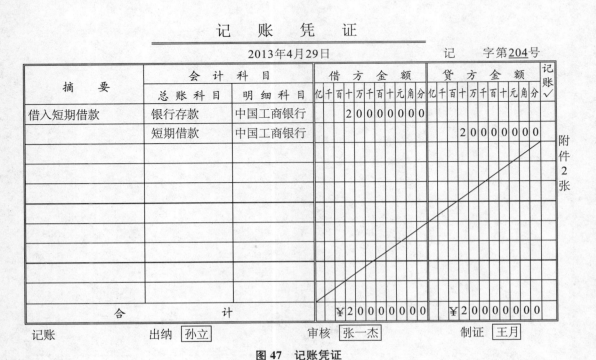

记 账 凭 证

2013年4月29日 　　　　记 　字第204号

摘 要	会 计 科 目		借 方 金 额	贷 方 金 额	记账√
	总账科目	明细科目	亿千百十万千百十元角分	亿千百十万千百十元角分	
借入短期借款	银行存款	中国工商银行	2 0 0 0 0 0 0 0		
	短期借款	中国工商银行		2 0 0 0 0 0 0 0	附件2张
合　　　　计			￥2 0 0 0 0 0 0 0	￥2 0 0 0 0 0 0 0	

记账　　　　出纳 孙立 　　　　　审核 张一杰 　　　　制证 王月

图 47　记账凭证

思考与练习

（7）29 日，报销差旅费。

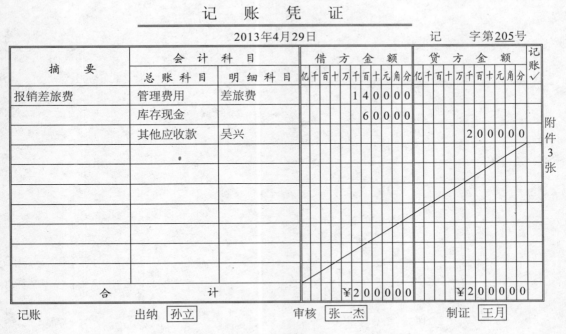

记 账 凭 证

2013年4月29日   记   字第205号

摘 要	会 计 科 目		借 方 金 额	贷 方 金 额	记账
	总账科目	明细科目	亿千百十万千百十元角分	亿千百十万千百十元角分	✓
报销差旅费	管理费用	差旅费	1 4 0 0 0 0		
	库存现金		6 0 0 0 0		
	其他应收款	吴兴		2 0 0 0 0 0	
合 计			¥2 0 0 0 0 0	¥2 0 0 0 0 0	

记账   出纳 孙立   审核 张一杰   制证 王月

附件3张

图 48 记账凭证

（8）29 日，报销业务招待费。

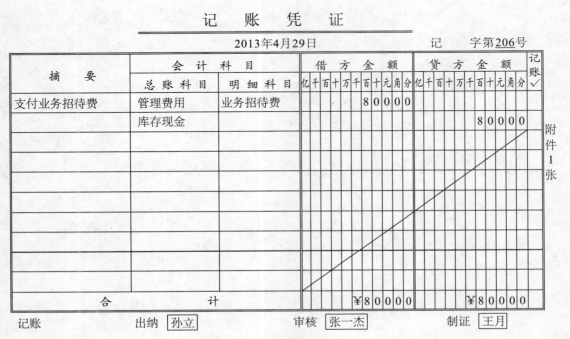

记 账 凭 证

2013年4月29日   记   字第206号

摘 要	会 计 科 目		借 方 金 额	贷 方 金 额	记账
	总账科目	明细科目	亿千百十万千百十元角分	亿千百十万千百十元角分	✓
支付业务招待费	管理费用	业务招待费	8 0 0 0 0		
	库存现金			8 0 0 0 0	
合 计			¥8 0 0 0 0	¥8 0 0 0 0	

记账   出纳 孙立   审核 张一杰   制证 王月

附件1张

图 49 记账凭证

思考与练习

（9）30 日，发放工资。

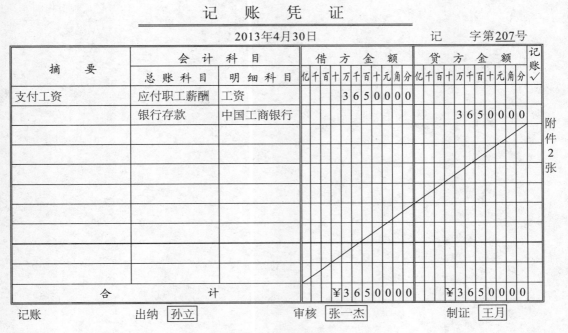

记 账 凭 证

2013年4月30日　　　　　　　记　　字第207号

摘　　要	会 计 科 目		借 方 金 额	贷 方 金 额	记账√
	总账科目	明细科目	亿千百十万千百十元角分	亿千百十万千百十元角分	
支付工资	应付职工薪酬	工资	3 6 5 0 0 0 0		
	银行存款	中国工商银行		3 6 5 0 0 0 0	
合　　　　　　计			￥3 6 5 0 0 0 0	￥3 6 5 0 0 0 0	

附件2张

记账　　　　出纳 孙立　　　　　审核 张一杰　　　　制证 王月

图 50　记账凭证

（10）30 日，购买设备。

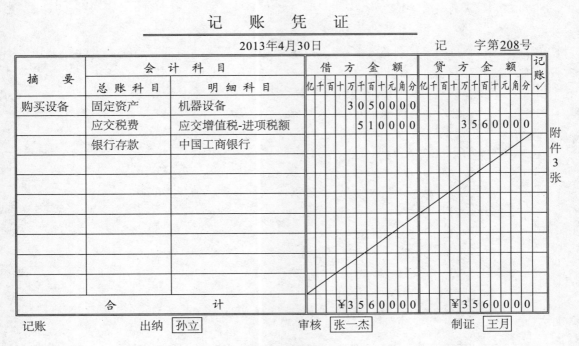

记 账 凭 证

2013年4月30日　　　　　　　记　　字第208号

摘　　要	会 计 科 目		借 方 金 额	贷 方 金 额	记账√
	总账科目	明细科目	亿千百十万千百十元角分	亿千百十万千百十元角分	
购买设备	固定资产	机器设备	3 0 5 0 0 0 0		
	应交税费	应交增值税-进项税额	5 1 0 0 0 0	3 5 6 0 0 0 0	
	银行存款	中国工商银行			
合　　　　　　计			￥3 5 6 0 0 0 0	￥3 5 6 0 0 0 0	

附件3张

记账　　　　出纳 孙立　　　　　审核 张一杰　　　　制证 王月

图 51　记账凭证

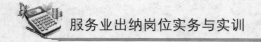

此现金日记账根据该公司 4 月 1 日至 4 月 26 日的记账凭证所登记。

库存现金日记账

第 1 页

2013年		凭证编号	摘 要	对方科目	借 方											贷 方											借或贷	余 额										
月	日				十	亿	千	百	十	万	千	百	十	元	角	分	十	亿	千	百	十	万	千	百	十	元	角	分		百	十	亿	千	百	十	万	千	百	十	元	角	分
4	1		上月结转																										借							3	8	7	7	0	0
4	1	记-5	销售商品	主营业务收入等						1	2	0	0	0	0	0																										
4	1	记-18	销售款送存银行	银行存款																	1	2	0	0	0	0	0															
4	1		本日合计							1	2	0	0	0	0	0						1	2	0	0	0	0	0	借							3	8	7	7	0	0
4	3	记-28	销售商品	主营业务收入等						1	2	0	0	0	0	0																										
4	3	记-35	销售款送存银行	银行存款																		1	2	0	0	0	0	0														
4	3		本日合计							1	2	0	0	0	0	0						1	2	0	0	0	0	0	借							3	8	7	7	0	0
4	11	记-77	发放公司十佳奖金	管理费用																			2	0	0	0	0	0														
4	11		本日合计																					2	0	0	0	0	0	借							1	8	7	7	0	0
4	26	记-185	提取备用金	银行存款						3	0	0	0	0	0																											
4	26		本日合计							3	0	0	0	0	0															借							4	8	7	7	0	0

图 52　库存现金日记账

请根据该公司 4 月 28 日至 4 月 30 日记账凭证登记日记账。

库存现金日记账

第 2 页

2013年		凭证编号	摘 要	对方科目	借 方											贷 方											借或贷	余 额										
月	日				十	亿	千	百	十	万	千	百	十	元	角	分	十	亿	千	百	十	万	千	百	十	元	角	分		百	十	亿	千	百	十	万	千	百	十	元	角	分

图 53　库存现金日记账

银行存款日记账

第1页

2013年 月	日	凭证编号	摘要	对方科目	借方	贷方	借或贷	余额
4	1		上月结转				借	2 3 0 0 0 0 0 0
4	1	记-16	销售款送存银行	库存现金	1 8 3 0 0 0 0		借	2 4 8 3 0 0 0 0
4	15	记-59	支付货款	应付账款		4 3 0 0 0 0	借	2 4 4 0 0 0 0 0
4	15	记-90	支付广告费	销售费用		2 0 0 0 0 0 0	借	2 2 4 0 0 0 0 0
4	17	记-105	提取备用金	库存现金		3 0 0 0 0 0	借	2 2 1 0 0 0 0 0
4	19	记-115	销售款送存银行	库存现金	1 2 0 0 0 0 0		借	2 3 3 0 0 0 0 0
4	20	记-129	支付水电费	管理现金		4 3 0 0 0 0	借	2 2 8 7 0 0 0 0
4	22	记-135	支付宣传展台展台费	销售费用		2 0 0 0 0 0 0	借	2 0 8 7 0 0 0 0
4	24	记-138	提取备用金	库存现金		3 0 0 0 0 0	借	2 0 5 7 0 0 0 0
4	26	记-156	提取备用金	库存现金		3 0 0 0 0 0	借	2 0 2 7 0 0 0 0
4	28	记-185	销售款送存银行	库存现金	1 2 0 0 0 0 0		借	2 1 4 7 0 0 0 0

图54　银行存款日记账

银行存款日记账

第2页

2013年 月	日	凭证编号	摘要	对方科目	借方	贷方	借或贷	余额

图55　银行存款日记账

思考与练习

三、编制银行存款余额调节表

银行对账单

客户名：湘华餐饮管理有限公司　　　开户行：中国工商银行株洲荷塘支行

客户账户：3332227778

日期	摘要	借方		余额
	承前页			101410
20130221	取现备用	4000		97410
20130227	预付下一季度房租	20000		77410
20130227	收回前欠款项		35000	112410
20130228	取到预付款		24000	136410
20130228	商业汇票到期		31100	167510
20130228	支付物业管理费	3000		164510

当日汇率：

打印日期：

2013.2.28

如有错误，请与我们联系

记账：

复核：

图 56　银行对账单

银行存款日记账

第5页

2013年 月	日	凭证编号	摘　　要	对方科目	借　　　方 十亿千百十万千百十元角分	贷　　　方 十亿千百十万千百十元角分	借或贷	余　　　额 百十亿千百十万千百十元角分
2	21		承前页				借	1 0 1 4 1 0 0 0
2	21	169	取现备用	库存现金		4 0 0 0 0 0	借	9 7 4 1 0 0 0
2	26	178	预付下一季度房租	管理费用		2 0 0 0 0 0 0	借	7 7 4 1 0 0 0
2	27	183	收回前欠款项	应收账款	3 5 0 0 0 0 0		借	1 1 2 4 1 0 0 0
2	28	192	取到预付款	预收账款	2 4 0 0 0 0 0		借	1 3 6 4 1 0 0 0
2	28	195	预付购货款	预付账款		1 3 0 0 0 0 0	借	1 2 3 4 1 0 0 0
2	28	200	收回货款	主营业务收入	8 0 0 0 0 0 0		借	2 0 3 4 1 0 0 0

图 57　银行存款日记账

思考与练习

银行存款余额调节表

单位：元

银行名称			币别	
银行账号			对账日期	
企业银行日记账余额			银行对账单余额	
加：银行已收，企业未收金额	减：银行已付，企业未付金额		加：企业已收，银行未收金额	减：企业已付，银行未付金额
调整后余额			调整后余额	

编制人：　　　　　　　复核人：　　　　　　　编制日期：

图 58　银行存款余额调节表

四、根据上述资料装订凭证

任务三　出纳业务训练

学习目标

1. 熟悉出纳岗位主要工作责职。

2. 理解出纳工作内部控制要求。

3. 掌握重要票据与印鉴管理规定及重要票据的填写。

4. 掌握出纳日记账主要内容、编制银行存款余额调节表以及装订凭证。

【背景资料】

1. 企业名称（所属行业）：湖南长进餐饮公司。

2. 联系电话及单位地址：湖南株洲新城荷塘区红港路 88 号　电话：0733 - 88220707。

3. 开户行名称及账号：中国工商银行车城支行 9005600589400350808。

4. 纳税人登记号：430875214563002。

5. 适用税率：增值税税率为 17%，城建税税率 7%，教育费附加 3%，运费按 7% 抵扣。

6. 存货核算方法：存货采用实际成本计价核算，发出存货成本采用全月一次加权平

思考与练习

均法计算确定。

7. 主要会计岗位及人员：会计主管：周庆红；制单员：王华；审核员：张宇；出纳员：陈小兰；记账员：李小明。

一、完成湖南长进餐饮公司 2014 年 1 月所发生的经济业务

1. 根据支票头信息（如图 59 所示），填制完成图 60，图 61 原始凭证。

中国工商银行

现金支票存根（湘）

支票号码　Ⅵ Ⅱ 02971737

附加信息

————————

出票日期　　2014 年 01 月 01 日

收款人：	湖南长进餐饮公司
金　额：	￥8000.00
用　途：	备用
备　注：	

单位主管 周庆红　　　会计 王华

复　　核 张宇　　　记账 李小明

图 59　现金支票存银

思考与练习

中国工商银行现金支票（湘）ⅦⅡ

出票日期（大写）　年　月　日　　　付款行名称：

收款人：　　　　　　　　　　　出票人账号：

人民币（大写）		千	百	十	万	千	百	十	元	角	分

用途：　　　　　　　　　　　科目（借）

上列款项请从　　　　　　　　对方科目（贷）

我账户内支付　　　　　付讫日期　　年　月　日

　　　出票人签章　　　　出纳　　复核　　记账

图60　现金支票

中国工商银行　　　　**进账单（回单）**　　　1

年　月　日

出票人	全称		收款人	全称		亿	千	百	十	万	千	百	十	元	角	分
	账号			账号												
	开户银行			开户银行												
金额	人民币（大写）															
票据种类		票据张数														
票据号码																

　　　　复核　　记账　　　　　　收款人开户银行签章

此联由收款人开户行交给收款人的收账通知

图61　进账单（回单）

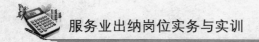

思考与练习

中国工商银行

现金支票存根（湘）

支票号码　ⅦⅡ02971737

附加信息

_____

出票日期　　2014 年 01 月 02 日

收款人：	湖南长进餐饮公司
金　额：	￥7080.00
用　途：	备用
备　注：	

单位主管　周庆红　　会计　王华

复　　核　张宇　　记账　李小明

图 62　现金支票存根

中国工商银行现金支票（湘） ⅦⅡ

出票日期（大写）　　年　月　日　　　付款行名称：

收款人：　　　　　　　　　　　　　出票人账号：

人民币		千	百	十	万	千	百	十	元	角	分
（大写）											

用途：　　　　　　　　　　　　　　科目（借）

上列款项请从　　　　　　　　　　对方科目（贷）

我账户内支付　　　　　　　付讫日期　　　年　　月　　日

　　出票人签章　　　　　出纳　　复核　　记账

图 63　现金支票

思考与练习

中国工商银行　　　　　　　　进账单（回单）　　　　　　1

年　月　日

出票人	全称		收款人	全称											
	账号			账号											
	开户银行			开户银行											
金额	人民币（大写）				亿	千	百	十	万	千	百	十	元	角	分
票据种类		票据张数													
票据号码															
	复核　　记账			收款人开户银行签章											

此联由收款人开户行交给收款人的收账通知

图64　进账单

2. 王西新去云南开会借款2000元，请填制完成借款单。

借款单

2014 年 01 月 02 日

姓　　名		工作部门	行政科	职务	科长
借款原因		领导审批		同意	王大海
借支金额	人民币（大写）			￥	
备　　注					

复核：张宇　　　　　　出纳：陈小兰　　　　　　收款人签章：陈小兰

图65　借款单

3. 李大春去上海出差借款5000元，请填制完成借款单。

借款单

2014 年 01 月 02 日

姓　　名		工作部门	销售科	职务	科长
借款原因		领导审批		同意	王大海
借支金额	人民币（大写）			￥	
备　　注					

复核：张宇　　　　　　出纳：陈小兰　　　　　　收款人签章：陈小兰

图66　借款单

思考与练习

4. 根据增值税专用发票（如图 67 所示）信息，填制完成图 68～71 四张原始凭证。

湖南增值税专用发票

4301094330

No 09028868

开票日期：2014 年 01 月 03 日

购货单位	名　　称：湖南长进餐饮公司 纳税人识别号：430875214563002 地　址、电话：荷塘区红港路 88 　　　　　　0733 - 88220707 开户行及账号：工行车城支行 　　　　　　9005600589400350808			密码区	2489 - 1＜9 - 7 - 615962848＜032/ 52＞9/2953 - 49741626＜8 - 3024＞ 82906 - 2 - 47 - 6＜7＞2 * -/＞ * ＞6/	加密版本： 4301094330 09028868
货物或应税劳务名称	规格型号	单位	数量	单价	金额	税率	税额
有机大米	RC－H1OMF	公斤	12500	8.00	100000.00	17%	17000.00
大豆	（WT）	公斤	7500	4.00	30000.00	17%	5100.00
合计					¥130000.00		¥22100.00
价税合计（大写）		⊗壹拾伍万贰仟壹佰元整				（小写）¥152100.00	
销货单位	名　　称：湖南省双峰公司 纳税人识别号：420101021318405 地　址、电话：长沙长江路 110 号　0731 - 8553182 开户行及账号：工行长江路支行 　　　　　　9026723145351121213				备注		

收款人：陈小兰　　　　　复核：曹阳　　　　开票人：刘悦　　　　　销货单位：（章）

图 67　增值税专用发票

第三联　发票联　购货方记账凭证

思考与练习

湖南增值税专用发票

4301094330

No 09028868

开票日期：2014 年 01 月 03 日

购货单位	名　　　称： 纳税人识别号： 地　址、电　话： 开户行及账号：			密码区	2489－1＜9－7－615962848＜032/　加密版本： 52＞9/2953－49741626＜8－3024＞　4301094330 82906－2－47－6＜7＞2＊-/＞＊　09028868 ＞6/		
货物或应税劳务名称	规格型号	单位	数量	单价	金额	税率	税额
合计							
价税合计（大写）				（小写）			
销货单位	名　　　称： 纳税人识别号： 地　址、电　话： 开户行及账号：			备注			

收款人：陈小兰　　　　　复核：曹阳　　　　　开票人：刘悦　　　　　销货单位：（章）

图 68　增值税专用发票

第三联　抵扣联　购货方抵扣凭证

收料单

供应单位：湖南省双峰公司　　　　　　　　　　　　　　　　　　　　　　　　　　编号：3021
发票号码：0002516　　　　　　　　　　年　月　日　　　　　　　　　　　仓库：一仓库

规格	材料名称	编号	数量		实际价格（元）													
			应收	实收	单位	单价	发票金额	运杂费	合计									
									千	百	十	万	千	百	十	元	角	分
备注		验收人盖章					合计											

采购人：周伟　　　　　检验员：王强　　　　　记账员：李小明　　　　　保管员：张丹

第二联：会计部门

图 69　收料单

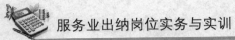

中国工商银行	本支票付款期十天	中国工商银行　转账支票（湘）　VIⅡ02971738											
转账支票存根（湘）		出票日期（大写）　年　月　日		付款行名称：									
VIⅡ01517206		收款人：		出票人账号：									
附加信息		人民币			千	百	十	万	千	百	十	元	角	分
		（大写）											
出票日期　年　月　日													
收款人：		用途：		科目（借）									
金额：		上列款项请从		对方科目（贷）									
用途：		我账户内支付		付讫日期　　年　　月　　日									
单位主管 周宏之 会计 王明		出票人签章		出纳　　复核　　记账									

图70　转账支票

中国工商银行	进账单（回单）			1										
	年　月　日													

出票人	全称		收款人	全称										
	账号			账号										
	开户银行			开户银行										
金额	人民币（大写）				亿	千	百	十	万	千	百	十	元	角	分
票据种类		票据张数												
票据号码														
	复核　　记账		收款人开户银行签章											

此联由收款人开户行交给收款人的收账通知

图71　进账单

思考与练习

5. 根据银行汇票信息（如图 72 所示）填制完成图 72，图 73 原始凭证。

中 国 工 商 银 行 Ⅲ ⅩⅠ 00448978

银 行 汇 票 2　　　第　号

	代理付款行：中国工商银行河口营业部　行号：410
出票日期（大写）　贰零壹零年零壹月壹拾贰日	

收款人：湖南长进餐饮公司	账号：9005600589400350808

| 出票金额　人民币（大写）　　贰万柒仟捌佰元整 | |

实际结算金额　人民币（大写）　贰万柒仟捌佰元整	千 百 十 万 千 百 十 元 角 分
	￥ 2 7 8 0 0 0 0

申请人：武汉宏伟公司　　　　账号或住址：1132090142820345862

出票行：中国工商银行河口营业部

备注：前欠货款

出票银行签章

武汉宏伟公司银行
武　汉
汇票专用章

多余金额	科目（借）.....................
	对方科目（贷）..................
	兑付日期：　2014 年 1 月 12 日
	复核　　　　记账

图 72　银行汇票

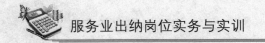

思考与练习

中 国 工 商 银 行

Ⅲ XI 00448978

银 行 汇 票　　3

第　　号

代理付款行：　　　　　　　　　　　　行号：410

出票日期（大写）		

收款人：	账号：

出票金额	人民币（大写）

实际结算金额	人民币（大写）	千 百 十 万 千 百 十 元 角 分

申请人：　　　　　　　　账号或住址：_____

出票行：_____

备注：

出票银行签章

多余金额	科目（借）_____
	对方科目（贷）_____
	兑付日期：　2014 年 1 月 12 日
	复核　　　记账

图 73　银行汇票

思考与练习

中国工商银行　　　　　　　进账单（回单）　　　　　　　1

年　月　日

出票人	全称		收款人	全称	
	账号			账号	
	开户银行			开户银行	.

金额	人民币（大写）				亿	千	百	十	万	千	百	十	元	角	分

票据种类		票据张数	
票据号码			

复核　　记账　　　　　　　　　　　收款人开户银行签章

此联由收款人开户行交给收款人的收账通知

图74　进账单

6. 支付本月工资 70500 元，完成图 75、图 76 原始凭证。

中国工商银行 转账支票存根（湘） ⅥⅡ 附加信息	中国工商银行转账支票（湘）ⅥⅡ	
	出票日期（大写）　年　月　日　　　付款行名称： 收款人：　　　　　　　　　　　出票人账号：70	

本支票付款期十天

出票日期　年　月　日	人民币（大写）			千	百	十	万	千	百	十	元	角	分
收款人： 金额： 用途： 单位主管 周宏之 会计 王明	用途：　　　　　　　　　　　科目（借） 上列款项请从　　　　　　　　对方科目（贷） 我账户内支付　　　　付讫日期　年　月　日 出票人签章　　　出纳　复核　　记账	

图75　转账支票

思考与练习

中国工商银行 进账单（回单） 1

年 月 日

出票人	全称		收款人	全称											
	账号			账号											
	开户银行			开户银行											
金额	人民币（大写）					亿	千	百	十	万	千	百	十	元	角	分
票据种类		票据张数													
票据号码															
	复核 记账			收款人开户银行签章											

此联由收款人开户行交给收款人的收账通知

图 76　进账单

　　7. 根据已填制完成的原始凭证信息（如图 77 所示），填制完成图 78～图 83 空白原始凭证。

中国工商银行转账 支票（湘）VII

出票日期（大写）　　年　　月　　日　　　付款行名称：

收款人：　　　　　　　　　　　　　　出票人账号：

人民币（大写）		千	百	十	万	千	百	十	元	角	分

用途：　　　　　　　　　　　　　　科目（借）

上列款项请从　　　　　　　　　　对方科目（贷）

我账户内支付　　　　　　　　付讫日期　　　年　　　月　　　日

　　　　出票人签章　　　　　　出纳　　　复核　　　记账

图 77　转账支票

思考与练习

中国工商银行

转账支票存根（湘）

支票号码　VI Ⅱ 02971741

附加信息

_____

_____

出票日期　2010 年 01 月 08 日

收款人	湖南长安设备贸易公司
金　额	￥106300.00
用　途	购设备款
备　注	

单位主管　周庆红　　会计　王华

复　核　张宇　　记账　李小明

图 78　转账支票存根

 中国工商银行　　　　　进账单（回单）　　　　1

年　月　日

出票人	全称		收款人	全称		亿	千	百	十	万	千	百	十	元	角	分
	账号			账号												
	开户银行			开户银行												
金额	人民币（大写）															
票据种类		票据张数														
票据号码																

复核　　记账　　　　　　　　　　收款人开户银行签章

图 79　进账单

思考与练习

湖南增值税专用发票

4301094330

全国统一发票监制
发 票 湖南联
国家税务总局制造

No 09026678

开票日期：2014 年 01 月 08 日

购货单位	名　　　称：湖南长进餐饮公司 纳税人识别号：430875214563002 地址、电话：荷塘区红港路88 0733-88220707 开户行及账号：工行车城支行 9005600589400350808		密码区	2489-1＜8-7-615962848＜032/52＞ 9/29543-49741626＜8-3024＞82901 -2-47-6＜7＞2*-/＞*＞6/	加密版本： 4301094330 09026678
货物或应税劳务名称	规格型号	单位	数量	单价	金额	税率	税额
PK—TC设备	PK—01X	台	1	90000.00	90000.00	17%	15300.00
合计					¥90000.00	17%	¥15300.00
价税合计（大写）	⊗壹拾零万伍仟叁佰元整				（小写）¥105300.00		
销货单位	名　　　称：湖南长安设备贸易公司 纳税人识别号：430032270283250 地址、电话：长沙市远大路18号　0731-84732981 开户行及账号：0213511040189322568			备注	湖南长安设备贸易公司 430032270283250 发票专用章 销货单位：（章）	

收款人：陈小兰　　　　复核：曹阳　　　　开票人：刘悦

第三联　发票联　购货方记账凭证

图80　增值税专用发票

湖南增值税专用发票

4301094330

全国统一发票监制
抵 扣 湖南联
国家税务总局制造

No 09026678

开票日期：　　年　月　日

购货单位	名　　　称： 纳税人识别号： 地址、电话： 开户行及账号：		密码区	2489-1＜9-7-615962848＜032/ 52＞9/2953-49741626＜8-3024＞ 82906-2-47-6＜7＞2*-/＞* ＞6/	加密版本： 4301094330 09028868
货物或应税劳务名称	规格型号	单位	数量	单价	金额	税率	税额
合计							
价税合计（大写）					（小写）		
销货单位	名　　　称： 纳税人识别号： 地址、电话： 开户行及账号：			备注		

收款人：陈小兰　　　　复核：曹阳　　　　开票人：刘悦　　　　销货单位：（章）

第二联　抵扣联　购货方抵扣凭证

图81　增值税专用发票

思考与练习

公路、内河货物运输业统一发票

开票日期　2014 年 1 月 8 日

发票代码：104525000035325

发票号码：00005074

机打代码 机打号码 机器编号	030411750223 00007847 8890014583			税控码	02/4＋5＜0＞278＜3717＜36628＜ * 019 - 893 * 2/4063＜126/9 * 38859＞ * 9/24 * 0＞ ＜0758＋11496379＋078 -＋＜ * 76213	
收货人及纳税人识别号	湖南长进餐饮公司 43087514563002			承运人及纳税人识别号	湖南长沙佳佳运输公司 102800339658370	
发货人及纳税人识别号	湖南长安设备贸易公司 430032270283250			主管税务机关及代码	地税局 305230037	
运输项目及金额	货物名称 设备	数量 1 台	运费金额 1000.00	其他项目及金额	备注	
运费小计	￥1000.00			其他费用小计	￥0.00	
合计（大写）	壹仟元整			（小写）￥1000.00		

承运人盖章　　　　　　　　　开票人：刘平

第一联　发票联　付款方记账凭证

图 82　公路、内河货物运输业统一发票

公路、内河货物运输业统一发票

开票日期　2014 年 1 月 8 日

发票代码：104525000035325

发票号码：00005074

机打代码 机打号码 机器编号	030411750223 00007847 8890014583			税控码	02/4＋5＜0＞278＜3717＜36628＜ * 019 - 893 * 2/4063＜126/9 * 38859＞ * 9/24 * 0＞ ＜0758＋11496379＋078 -＋＜ * 76213	
收货人及纳税人识别号	湖南长进餐饮公司 43087514563002			承运人及纳税人识别号	湖南长沙佳佳运输公司 102800339658370	
发货人及纳税人识别号	湖南长安设备贸易公司 430032270283250			主管税务机关及代码	地税局 305230037	
运输项目及金额	货物名称 设备	数量 1 台	运费金额 1000.00	其他项目及金额	备注	
运费小计	￥1000.00			其他费用小计	￥0.00	
合计（大写）	壹仟元整			（小写）￥1000.00		

承运人盖章　　　　　　　　　开票人：刘平

第二联　抵扣联　付款方抵扣凭证

图 83　公路、内河货物运输业统一发票

思考与练习

8. 张梅报销差旅费，请填制完成收款收据。

差旅费报销单

所属部门：物流部　　　　填报日期：2014 年 1 月 9 日　　　　单位：元

姓名	张梅	职务	经理	出差事由	开会	出差时间	计划 8 天		
							实际 8 天		
日期		起 止 地 点		飞机、车、船票		其他费用			
月	日	起	止	类别	金额	项　目		标准	计算天数	核报金额
6	10	长沙	云南	飞机	860.00	住宿费	包干报销	150.00	5	750.00
6	15	云南	长沙	飞机	780.00		限额报销			
						伙 食 补 助 费		80.00	5	400.00
						车、船 补 助 费				
						其 他 杂 支		90.00		90.00
小　计					1640.00	小　计				1 240.00
总计金额（大写）		⊗贰仟捌佰捌拾元整		预支 3000.00 核销 2880.00 退 120.00						

会计主管：李丽　　　　审核：熊红　　　　部门领导：简华　　　　填报人：张梅

图 84　差旅费报销单

收款收据

　　　　　　　　　　　　　　　　　　　　　　　　年　　月　　日

今收到										
人民币（大写）：			十	万	千	百	十	元	角	分
事由：		现金收讫								
收款单位		收款人			财务负责人					

第三联 记账联

图 85　收款收据

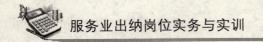

9. 根据送货单凭证填制完成增值税专用发票。

怡清源茶业公司送货单

购货单位：湖南长进餐饮公司　　　　2014 年 01 月 12 日

名称用规格	单位	数量	单价	总售价（不含税）
黑玫瑰	件	450.00	4000.00	1800000.00
野针王	件	350.00	6000.00	2100000.00
合　　计				3900000.00

会计：张青　　　业务员：张智　　　复核：黄超　　　发货：王忠　　　制单：黄超

图 86　送货单

湖南增值税专用发票　　**N o　09433542**

301094342

此联不作销、扣税凭证使用　　　开票日期　　年　月　日

购货单位	名　　称： 纳税人识别号： 地　址、电话： 开户行及账号：			密码区	2489 - 19 - 7 - 61596284〈03〉 2/59/2〈9533〉- 497416〈26〉 8 - 302〈482〉906 - 2		加密版本 01 4301094342 09433542		
货物或应税劳务名称	规格型号	单位	数量	单价	金额		税率	税额	
合计									
价税合计（人民币大写）					（小写）¥				
销货单位	名　　称： 纳税人识别号： 地　址、电话： 开户行及账号：			备注					

收款人　　　　　复核　　　　　开票人　　　　　销货单位（章）

第一联　记账联　销货方记账凭证

4301089
63548278
发票专用章

图 87　增值税专用发票

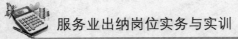

10. 与新城红依山公司签订合同。

中国工商银行　　　　　进账单（收款通知）　　　　　3

2014 年 01 月 15 日

出票人	全称	新城红依山公司	收款人	全称	湖南长进餐饮公司
	账号	1132090142820302086		账号	9005600589400350808
	开户银行	工商银行河口营业部		开户银行	中国工商银行车城支行

金额	人民币（大写）壹拾万元整	千	百	十	万	千	百	十	元	角	分
			¥	1	0	0	0	0	0	0	0

票据种类	转账支票	票据张数	1 张
票据号码	02019982		

收款人开户银行盖章

复核　　记账

此联由收款人开户行交给收款人的收账通知

图 88　进账单

投资合同

立合同单位：

新城红依山公司（以下简称投资方）

湖南长进餐饮公司（以下简称被投资方）

为明确责任，恪守合同，特签订本合同，共同信守。

一、投资方式：货币资金

二、投资金额：壹拾万元整

三、出资期限：自二〇一四年一月十五日至二〇一四年二月十五日止

……

合同的附件：（略）

本合同经各方签字后生效。

本合同正本一式三份，投资方、被投资方各执一份；合同副本 2 份，报送有关单位各留一份。

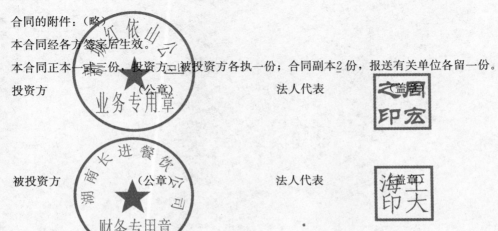

投资方　　　　　　（公章）　　　　　法人代表

被投资方　　　　　（公章）　　　　　法人代表

2014 年 1 月 15 日

思考与练习

11.12 日收到上海顺达公司银行汇票一张，以归还原欠货款 80000 元（上海顺达公司开户行：中国建行福州路支行，账号：4367480007713996319 地址：上海市福州路 725 号 电话：021 - 63226610）请填写进账单。

中国建设银行进账单 （收账通知）

币种：人民币   年 月 日   第 0001589 号

收款人	全称		付款人	全称										
	账号			账号										
	开户银行			开户银行										
人民币（大写）					千	百	十	万	千	百	十	元	角	分
票据种类		用途												
票据张数														
	单位主管　会计　复核　记账							收款人开户银行盖章						

图 89　进账单

二、根据上述原始凭证编制记账凭证

三、登记日记账

思考与练习

库存现金日记账

2013年		凭证编号	摘　要	对方科目	借　　方											贷　　方											借或贷	余　　额											
月	日				十	亿	千	百	十	万	千	百	十	元	角	分	十	亿	千	百	十	万	千	百	十	元	角	分	百	十	亿	千	百	十	万	千	百	十	元	角	分

图 90　库存现金日记账

银行存款日记账

2013年		凭证编号	摘　要	对方科目	借　　方											贷　　方											借或贷	余　　额											
月	日				十	亿	千	百	十	万	千	百	十	元	角	分	十	亿	千	百	十	万	千	百	十	元	角	分	百	十	亿	千	百	十	万	千	百	十	元	角	分

图 91　银行存款日记账

四、根据资料装订凭证

思考与练习

参考文献

［1］余国艳.出纳岗位技能实务与实训［M］.北京：科学出版社，2007.

［2］ATEP项目组.出纳实务［M］.北京：清华大学出版社，2013.

［3］王辉，胡琼，张孝君.出纳岗位实务［M］.北京：人民邮电出版社，2012.

［4］沈小君.收银员（中级职业技能培训鉴定教材）［M］.北京：中国劳动社会保障出版社，2012.